河南省教育厅人文社会科学一般项目"电商搜索广告下的位置管理研究"（2021 – ZDJH – 033）

2021 年河南省哲学社会科学青年项目"商务平台生态的共生发展与治理研究——平台搜索广告层面"（2021CZH019）

商务平台生态的共生发展与治理研究

——平台搜索广告层面

王　芳　著

中国财经出版传媒集团

经济科学出版社
Economic Science Press

图书在版编目（CIP）数据

商务平台生态的共生发展与治理研究：平台搜索广
告层面/王芳著. -- 北京：经济科学出版社，2022.4
ISBN 978 - 7 - 5218 - 3662 - 2

Ⅰ. ①商…　Ⅱ. ①王…　Ⅲ. ①电子商务 - 研究　Ⅳ.
①F713. 36

中国版本图书馆 CIP 数据核字（2022）第 074945 号

责任编辑：李　雪
责任校对：李　建
责任印制：王世伟

商务平台生态的共生发展与治理研究
——平台搜索广告层面

王　芳　著

经济科学出版社出版、发行　新华书店经销
社址：北京市海淀区阜成路甲 28 号　邮编：100142
总编部电话：010 - 88191217　发行部电话：010 - 88191522
网址：www. esp. com. cn
电子邮箱：esp@ esp. com. cn
天猫网店：经济科学出版社旗舰店
网址：http：//jjkxcbs. tmall. com
北京季蜂印刷有限公司印装
710 × 1000　16 开　12.75 印张　190000 字
2022 年 5 月第 1 版　2022 年 5 月第 1 次印刷
ISBN 978 - 7 - 5218 - 3662 - 2　定价：68. 00 元
（图书出现印装问题，本社负责调换。电话：010 - 88191510）
（版权所有　侵权必究　打击盗版　举报热线：010 - 88191661
QQ：2242791300　营销中心电话：010 - 88191537
电子邮箱：dbts@ esp. com. cn）

前　　言

在传统的工业经济时代，厂商组织有两种经营对象：经营产品和经营服务。其中，连接方式是经营活动或交易活动的基础。在网络经济时代，互联网的本质就是"连接"——如人与人的连接（腾讯）、人与商品的连接（阿里巴巴）及人与信息的连接（百度）（罗珉和彭毫，2020）。互联网显著降低了信息传递成本、信息沟通成本和交易成本，削弱甚至彻底打破了厂商组织间的边界（Casadesus‐Masanell & Ricart，2010），平台经营模式成为经济生活中的主流模式，由此而形成厂商与消费者共同构建的以平台为依托的价值创造系统和商业社群生态系统——商务平台生态系统（Gawer，2014）。

商务平台生态系统包含了多个种群：平台运营者、参与互动的多边客户（厂商、消费者）以及为多边客户提供支持或服务的各类行为主体（物流、支付、数据等服务提供商），各成员通过平台的一系列结构或界面进行互动，并把该界面作为价值创造的起点。平台的多边性特征，不同客户利益目标的非一致性，导致平台生态系统研究的差异性与复杂性，如在物流业务层面，涉及主要利益主体为平台运营者、物流企业、厂商与消费者，含多个物流企业竞争、包邮、运费（如运费险）设置等问题；在支付金融业务层面，涉及的主要利益主体为平台运营者、支付服务商、厂商与消费者，含保障交易、支付规则、资质审核、厂商、融资等问题。在平台广告业务层面，涉及的利益主体为平台运营者（如广告提供商）、厂商（如广告商）和消费者（如广告受众），含平台广告规则及收费标准制定、厂商广告决策、消费者对广告态度等问题。面对问题的多面性和复杂性，本书从商务平台生态系统种群及其关系出发，从平台广告业务层面来探讨商务平台生态系统的发展与治理问题。

聚焦于广告层面，商务平台不仅将海量消费者聚集于此，还吸引了大批商家涌入。在这个系统中，入驻的商家通过平台发布商品信息，这些信息高度聚集，高度动态且有序陈列；消费者通过平台搜索、比较商品信息并选择购买。平台作为服务提供者，为买家提供分类、筛选、排序等工具，为卖家提供网页设计、位置选择等服务，从而帮助在线商家更好地获得客户资源，消费者获得更好的购物体验。商务平台系统成为一个消费者、平台和商家的三方交互系统。

在线商品搜索是消费者网络购物的第一步，其搜索结果主要通过平台的商品列表来展示。在在线零售平台，每个消费者进行商品搜索后看到的商品序列（即消费者视野）是有差异的：一方面，由于消费者自主筛选、排序，在线平台推荐系统及商家付费搜索等原因，消费者面对不同排列顺序的商品序列；另一方面，在线消费者受到自身偏好、搜索成本等因素的限制，对海量的在线商品进行有限搜索，形成不同的视野范围。因此，同一商品在不同消费者眼中可能出现在列表的不同位置，或者根本未进入消费者视野，消费者的在线购买就是在其视野范围内选择效用最大的商品。为了更快进入消费者视野，提高被选中概率，在线商家总是争先追逐商品列表的靠前位置，同时在线平台也意识到商品位置的价值和可能带来的商机，平台搜索广告契合了双方需求，因此，本书从广告层面探讨商家、平台的位置决策问题，具有较强的实用价值。

本书从商务平台生态系统出发，从种群关系中梳理本书的研究主体和研究对象；基于平台商品有序陈列现象，分析在线消费者搜索模式和搜索特征，提出在线商品位置的属性特征及其获取方式，由此引出平台搜索广告研究的必要性以及对平台生态系统良性发展的重要性；在模型构建方面，本书以效用理论为基础探讨消费者商品选择的

前　　言

内在机理；运用概率与数理统计方法，构建商品位置影响下的消费者选择行为模型和搜索广告下的消费者选择模型，深刻揭示位置对消费者选择的内在影响；使用博弈论的理论和方法，将商品位置和商品质量、价格相结合，讨论商家在静态和动态竞争环境下的商品定价、质量选择和广告决策问题；从平台生态治理和发展角度探讨平台的位置管理规则和搜索广告运营相关问题，为平台生态系统各种群的共生发展提供有益的借鉴。

目　　录

目　录

▶ 第 1 章 ◀

绪　　论

本章主要介绍研究背景、研究内容、研究的整体思路和框架以及研究意义和价值。研究背景含两部分，其一从商务平台经济出发，提出商务平台生态系统种群关系，引出研究主题；其二选用平台搜索广告业务，从在线消费者选择、商家运营策略和平台服务三个方面探讨商品位置研究的必要性和重要性；之后，重点陈述研究内容和研究方法，并提出研究的技术路线、文章的结构脉络和具体的章节安排；最后，从理论和实践两个方面阐述研究意义。

1.1　研　究　背　景

1.1.1　商务平台生态系统

美国《连线杂志》创始人凯文·凯利（Kelly，1995）认为：“互联网是以网络为基础的，芯片无处不在，今后，连鞋子里面也有智能芯片。所有的东西跟所有的东西连结在一起，这是新经济的基础。”互联网的实质就是“连接”——物的连接、人的连接以及商业与人的连接。现代通信工具和互联网使连接方式彻底改变：更快、更广、更便捷的连接，由此产生许多新型的厂商组织和商业模式，其中，平台经营模式成为经济生活中的主流模式。平台指两（多）种需求各有不同但又相互依赖的不同客户群体间进行互动的，由硬件、软件、管理服务体系、政策规则体系以及交互界面等构成的基础架构（刘学，2017）。如淘宝，是一个海量电商和海量买家互动的平台；百度，是一个信息搜寻者和发布者互动的平台；上海证券交易所，是一个融资方和投资者在券商等中介机构支持下进行互动的平台。

平台运营者、参与互动的多边客户，以及为多边客户提供支持或服务的各类行为主体，构成了一个相互依存的生态系统。由于网络效应及聚合效应的存在，平台之间的竞争并不是简单两个平台组织之间的竞争，而是每个平台及其参与人构成的生态系统与另一个生态系统之间的竞争和抗衡。

商务平台生态系统即围绕商品交易而建立的平台生态圈，是厂商与消费者共同构建的以平台为依托的价值创造系统和商业社群生态系统（Gawer A，2014）。商务平台同样具有多边性特征，在不同业务层面，不同客户利益目标往往是非一致的，导致商务平台生态系统研究的差异性与复杂性。如在物流业务层面，涉及主要利益主体为平台运营者、物流企业、厂商与消费者，主要内容有平台为厂商推荐物流企业帮助其提高议价能力，多个物流企业对服务及价格进行决策，厂商对物流企业选择及对消费者的包邮、运费（如运费险）设置等问题；在支付金融业务层面，涉及的主要利益主体为平台运营者，支付服务商，厂商与消费者，主要研究内容有平台为保障交易的支付规则，支付服务商的资质审核，消费者的支付方式与渠道选择，厂商的资金回笼及融资等问题；在平台广告业务层面，涉及利益主体为平台运营者（广告提供商），厂商（广告商）和消费者（广告受众），研究内容含平台广告规则及收费标准制定，广告收益最大化与消费者满意度衡量，厂商广告、产品定位与定价决策，消费者对信息的筛选、广告对商品选择的影响等问题。面对问题的多面性和复杂性，本书从商务平台生态系统种群及其关系出发，从平台广告业务层面来探讨商务平台生态系统的发展与治理问题，见图 1 - 1。

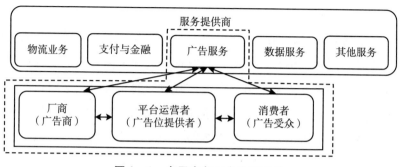

图 1 - 1　电子商务平台生态系统

资料来源：笔者根据研究内容绘制。

1.1.2　搜索广告下的商品位置

网络购物与传统购物最大的区别在于消费者借助互联网，在电子商务平台进行商品的搜索、比较、购买、评价等一系列活动。电子商务平台提供的并非商品本身，而是能够反映商品特征和功能的文字、图片、视频等商品信息。在线商品信息具有以下四个重要特征：第一，商品信息不受空间限制，可高度聚集于商务平台的商品列表中，且基数大差异小；第二，商品的售价、销量及顾客评论等相关信息公开可见，高度透明；第三，商品信息可以随时变更，高度动态，且操作简单快捷；第四，电商平台将各种表现形式（如文字、图片、视频等）的商品信息统一起来形成商品列表，并按照一定排序规则有序陈列。

对于消费者来说，在线平台商品信息的有序陈列形成了一种方向情境，引导其按照商品列表的排列顺序依次搜索，同时消费者的浏览和阅读习惯也决定了其搜索的有序性。由于时间、精力的限制，消费者往往只关心商品列表前几页的展示结果，浏览有限的商品链接后便做出商品的选择和购买。正是由于消费者有序且有限地进行商品搜索，所以商品列表中那些很靠后的商品信息被消费者看到的机会几乎为零。因此，商品列表的排序结果对消费者选择有重要影响。

对于商家来说，商品在列表中所处的位置一方面决定了其能否进入消费者的搜索范围，进而影响消费者的选择决策，最终成为制约商家成功交易的重要因素；另一方面，有效的商品位置能够增强商家在同类商品中的竞争力，是维持和增加市场份额的有效手段。如果商家提供的商品未进入消费者的搜索范围，则商家注定失败；如果商家为了被消费者看到而陷入位置竞争的漩涡中，则参与交易的消费者和商家都将无法从在线交易中获得预期收益。由此，有效的商品位置对在线商家至关重要。

为了使商品更快进入消费者的搜索范围，提高商品被消费者选中的机会，在线商家总是争先将自己的商品置于商品列表的前面，搜索广告即满足了这一需求。搜索广告是一种常见的互联网营销方式，商家根据商品特点自主购买特定的关键词，当用户输入这些关键词时相应的广告商品就会展示在用户看到的页面中（张磊等，2019）。而在电商平台站内投放广告，关键词较之其他平台更为集中，优质展示位的竞争愈发激烈。电子商务平台拥有信息陈列的控制权，使用平台搜索广告既是厂商引流的重要手段之一，也是平台最主要的收入来源之一。

事实上，无论从厂商角度提高排名、平台角度最大化广告收益，还是受众角度，搜索广告涉及的商品位置对平台生态系统的平衡发展都是极为重要的。从商业模式的角度分析，厂商是搜索广告业务的潜在客户，但对于竞争关系和互补关系的厂商，搜索广告带来的效用背道而驰，寡头厂商和大众厂商广告决策差异明显。消费者是搜索广告的受众，陷入海量产品搜索还是适当接受广告引流，个体接受程度不同。平台运营者作为广告提供商，如何设计广告规则保持厂商和消费者黏性，如何控制广告过程让消费者不厌烦且接受引流，如何设置收费标准引导厂商选择适宜的广告策略，最终保证平台广告生态系统中参与成员的共生发展是本书的主要研究目标，商务平台搜索广告涉及的商品位置也成为本书的主要研究对象。

1.1.3 搜索广告利益种群

广告层面商务平台生态系统围绕商品位置的利益种群有：平台运营者、在线商家和消费者，商品位置研究是这三方的共同需求。

1.1.3.1 在线平台服务需求

在线零售平台提供了一个连结商家和消费者的桥梁，通过建立完善的支付系统和物流系统，与广告、直播等网络运营商紧密合作，为消费者提供了一种快捷便利的购物环境，也为商家创造了大量的营销机会。反过来，商家和消费者利用平台进行全方位的信息交互，也使得网络运营方的服务更加专业和高效。根据在线平台的"双边"特征，其主要提供两个方向的服务：一是为广大在线消费者提供的买家服务，二是为在线商家提供的卖家服务。

（1）买家服务

在我国的网络零售市场，数以亿计的网络消费者成为各大电子商务平台蓬勃发展的基础，这个庞大的群体涉及各个年龄段、各个阶层和各个行业，他们有着不同的偏好和行为特征，因而在线平台需要提供各种专业化、个性化的产品及服务，以满足各个阶层的消费者不同的需求；海量的消费者选择网上购物，提高了商家进行电子商务的意愿，消费者选择在线零售平台作为网络购物的主要渠道，则增加了参与平台的在线商家数量。随着产品和服务数量的提升，消费者在数以百万计的商品选择中无限迷茫，此时，在线平台提供各种方便界面和辅助工具，如搜索引擎、排序工具等，帮助消费者更加方便快捷地查找所需商品。

（2）卖家服务

参与到在线零售平台的各个商家可以从网页设计、平台首页广告、网络营销策略与宣传等多方面直接获得平台的指导和帮助；平台帮助解决商家在电子商务后台系统以及数据分析等方面遇到的各类问题，同时为在线交易提供必要的交互系统、支付系统及物流系统的衔接工作。为了迎合消费者各种需求，平台与合作者还为在线商家提供了一些拓展业务，如直通车、直播、交友等栏目，为卖家在店铺运营管理、推广销售等领域提供思路和解决办法。为了快速吸引消费者的"目光"，不被海量商品所淹没，平台还提供了位置方面的付费搜索业务等。

综上，随着互联网的广泛应用，在线平台为消费者提供分类筛选、搜索排序工具，这些工具的使用提高了消费者查找产品的效率，增加了消费者找到满意产品的可能性，进而提高交易的成功率；在线平台还为商家提供首页广告和付费排名等搜索广告业务，增加商品的曝光度，辅助在线商家得到更多的关注，提高商品被选中概率。然而，当消费者和商家面对平台提供的某一商品序列时，他们得到的利益往往是不一致的：一般来说，消费者满意的商品序列，往往要求将效用高的商品排在列表的靠前位置，这样做直接使得部分商家丧失了被消费者选中的可能，损害了其利益；相反，若将效用低的商品铺满消费者的整个搜索范围，满足了商家的广告诉求，对消费者又是极为不利的。因此，兼顾双方利益，研究在线商品排序和广告业务运营与监管对平台生态系统的共生发展十分重要。

1.1.3.2 在线消费者搜索需求

在传统零售市场，由于商品地理位置的分散性和消费者搜索的局限性，消费者付出较大的交通成本和时间成本，也只能获得少量的商品备选项。若消费者在备选项中找到心仪的商品，那么在搜索成本和满意度的双重作用下，消费者往往会形成品牌忠诚且产生重复购买。

若消费者对备选项都不满意，就意味着消费者需要付出更多的精力和成本进行进一步的产品搜索，搜索失败的风险随之增加。网络市场将海量产品聚集于在线零售平台，消费者借助互联网和终端设备（如个人电脑、手机等），通过简单的点击操作便可以完成整个搜索和购买过程，有效降低了商品搜索的成本，但上百页的商品列表同样对消费者的搜索和选择提出了挑战。消费者通过商务平台获得商品信息具有如下特征：

（1）信息搜索的主动性

平台提供的搜索工具为消费者进行主动搜索提供了技术支持，消费者不再被动地接受在线商家和平台推送的信息，而是利用平台的搜索工具主动地"寻找"信息。消费者在站内搜索框输入产品的关键词即可检索所需产品，这些被检索到的产品是消费者自主选择的结果，而这些消费者是此类产品的潜在客户。此时，由消费者主动发起的营销机会便会产生。

（2）信息搜索的便捷性

在线商家和店铺 24 小时营业的机制，为消费者信息搜索提供了时间的便利性；平台提供的分类筛选及排序工具，也为消费者信息搜索提供了强大的技术支持。消费者可以按照款式、品牌等条件进行快速筛选，从而缩小备选集的范围，还可以根据偏好按照属性排序，从制约自身选择最重要的因素开始搜寻。

（3）对检索结果的"有限关注"

在线商品信息搜索作为整个在线购物的基础，其主要目标是降低消费者在选择过程中的不确定性，找到最为满意商品。根据信息经济学中收益—成本理论，如果商品数量太多，消费者查找所需产品就会感到特别吃力。当消费者耐心耗光或时间消耗太长，消费者就会感到查找厌烦，进而放弃搜索和购买。换句话说，受到时间、精力、耐心等因素的影响，消费者只会关注有限的搜索结果选项。此外，根据消费者在以上方面的接受承受程度不同，其有限搜索的范围也不同。

消费者既希望平台提供数量多、种类多的产品以供挑选和比较，但又受到时间和精力的影响，只能浏览相对有限的产品信息。消费者的购买行为便是在此矛盾状态下选择使自身效用最大的产品。若消费者最满意的商品出现在自身有限的视野当中，那么购买此产品获得的商品效用最大。因此，商品处于某一位置或者说某一位置上的商品对消费者的选择至关重要。

综上，在线消费者信息搜索的主动性和便捷性以及其对检索结果的"有限关注"引发了一个十分重要的现实问题：即消费者如何根据现有的商品序列进行商品选择？这一问题为研究商务平台生态系统中消费者的选择问题提供了契机。

1.1.3.3　在线商家竞争需求

与传统零售店铺相比，在线商家不受店铺物理地址的限制，可以向世界各地的消费者提供商品，还可以通过平台获得消费者的反馈信息和竞争对手的商品信息。但与此同时，大量商家销售同类商品，使得消费者在海量商品比较中浪费了很多宝贵时间，造成消费者网络购物效率低下，进而影响线上商家的成功交易。在线消费者通过平台进行商品比较，只能看到商品的文字及图片信息，并不能真实地感知实物，因而对商品质量信息无法做出准确判断。另外，各个店铺的折扣以及活动力度的差异等，更加大了消费者商品比较的难度，从而导致其网络购物障碍。因此，对于许多消费者而言，从数以万计的商品中选出自己最满意的商品是件十分困难的事。

一般而言，商务平台会提供一些排序规则，将相关的产品信息按一定规则呈现出来，帮助消费者快速查找和选择。由于在线消费者对商品信息的有限关注，消费者很少会点击和购买搜索结果页面排名特别靠后的商品。这意味着商品在搜索结果中位置越靠前，就越容易被买家浏览到，被购买的概率就越大。从长期来看，在线商家要想在网络市场占有一席之地并取得成功，就应该时刻关注消费者的搜索特征及商品位置选择，促使消费者更快地发现自家商品，注重商品品质促进产品交易，同时提高曝光度和转化率。因此，在商品数和卖家数如此之多的在线市场上，除了商品的价格和质量因素，靠前的商品位置对在线商家也非常重要。

在线商家可以通过三种方式来获得搜索结果列表的靠前位置：一是客观排序，即商家提供的产品某些属性特征值靠近最值，如销量最高值、价格最低值等。二是由平台发起的搜索广告位置服务。即平台确定位置前移的单位移动价格，在线商家根据自身情况确定最优移动位置。三是搜索广告竞价服务（关键字竞价排名）。多个商家对广告位（商品位置）竞争形成的竞价排名，即商家对同一个广告位进行出价，出价高的获得该广告位。其中，第一种方式为被动型，主要由商品的质量、价格等某些特征属性决定的；后两种方式为主动型，是商家通过付费方式对商品位的主动争取。当商家主动争取广告位时，结果列表的第一位并非总是商家的最优选择，无论选用哪种搜索广告业务，商家都要需要衡量广告成本和收益之间的差异才能作出最佳位置决策。因此，综合考虑在线消费者的搜索行为和在线商家的实际竞争力，选择有效的广告位也是在线商家应该考虑的重要问题之一。

就此，在线商家对商品位置的需求引发了以下三个十分重要的现实问题，什么是有效的商品位置？如何获得有效的商品位置？在线商家如何确定其最优广告决策？这些问题为研究商务生态系统中的商家广告决策问题指明了方向。

综上，在在线零售市场，平台的商品陈列、消费者搜索及选择、商家运营管理都涉及商品位置问题。本书以商务平台的商品位置（广告层面的广告位）为研究对象，分别从消费者和商家视角对商品位置研究做了全方位的分析与讨论。基于在线消费者搜索行为特征，深入探索商品位置与消费者选择之间的影响机理，同时将位置竞争引入商家的竞争模型中，探讨消费者选择与商家位置策略之间的内在关联。具体来说，（1）从消费者有限且有序的搜索行为出发，运用概率统计知识深入分析商品位置与商品被选概率之间的数量关系，构建商品位置影响下的消费者选择行为模型；（2）结合在线消费者搜索情境和行为信息，采用博弈定价理论以及搜索广告竞价排名原理，研究在线商家商品位置（即广告位）决策的相关问题。最后，从商务平台视角，理清商品排位规律和搜索广告付费原则，最终建立平台生态系统中围绕商品位置的各种群之间的共生、健康、和谐发展氛围。

1.2 研究内容

在平台搜索广告业务层面，商务平台生态系统主要涉及三个利益种群——平台运营者，厂商和消费者。本书分别以此三个利益种群为研究主体递进展开：一是从消费者角度构建在线选择模型，研究商品位置与选择行为的基本关系；二是从厂商角度探讨广告位置决策问题，基于消费者选择模型研究在线厂商位置选择和竞争策略；三是从商务平台视角，从搜索广告制度决策、搜索广告规则控制和搜索广告定价策略方面讨论商务平台生态的治理问题（见图1-2）。

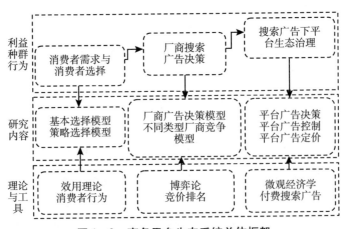

图1-2 商务平台生态系统总体框架

资料来源：笔者根据研究内容绘制。

1. 2. 1 商品位置与消费者选择研究

在线商品排序结果对消费者选择有至关重要的影响，探讨商品位置与其被选中概率之间的数量关系，建立消费者选择行为模型是本书的重要内容，也是后续研究的基础。

（1）构建商品位置与消费者选择的基本模型

消费者在网络购物前往往会进行产品筛选以缩小搜索范围，如对搜索结果按照品牌、颜色、款式等条件进行筛选，筛选完成后再对商品集进行重排列，最后依次浏览比较选择。在线平台拥有多种商品排序方式，如由商品特征决定的客观属性排序，依据消费者的相关信息形成的个性化推荐商品序列，以及商家参与的搜索广告付费商品序列。消费者可根据自身偏好选择商品属性排序，也可以直接使用平台提供的自然排序，此结果若是由推荐算法形成的商品序列，那么不同的消费者，其推荐的结果不同；若是由商家付费搜索形成的商品序列，那么平台付费规则和商家营销策略的差异都会造成商品排序的变化。因此，由于筛选条件和排序规则的不同，消费者看到的商品序列不同，又因为消费者对时间、精力等成本因素的感知和忍耐力不同，消费者看到的商品范围也不同。消费者最终看到的商品集便形成了消费者的视野。

消费者在各自视野中按照商品的效用大小进行理性选择，若商家提供的商品不在视野范围内，则该商品必然不会被消费者选中；只有商品在视野范围内才有被消费者选中的可能。由此，商品被选择概率受到商品位置和视野大小的共同影响，可以利用概率数理统计方法，研究商品被选择概率与商品位置和消费者视野的数量关系，建立视野、商品位置与消费者选择之间的量化模型，分析商品被选中概率随视野、位置的变化规律。

（2）构建商家搜索广告策略下的消费者选择模型

在线商家为了快速进入消费者视野，常常会采用位置付费等广告策略占取有利位置。一种策略是在现有商品序列下将商品位置前移，另一种策略是与其他商家合作形成联合占位。搜索广告策略的使用必然会使整个商品序列发生改变，从而引起消费者选择和商品被选概率的变化，同样可利用概率论的方法，构建在线商家在不同广告策略下的消费者选择模型。

当某个商家使用位置前移策略时，目标商家被选概率的变化情况需要从两个方面把握：使用位置策略的商家效用比自身高还是低？移动之后的位置在目标商家之前还是之后？将这些情况分类讨论，通过计算某个商家的位置确定时，目标商品被选中视野的情况与所有视野情况的比值，则可以得到目标商家的被选概率，它实质上是一个条件概率。

由于消费者进行有序搜索，商家总希望在自家商品之前没有出现效用更好的商品，因而选择效用较弱的商家使用联合位置策略，将商品列表靠前的多个商品位置全部垄断。此时将联合企业看成一个整体，可以计算在联合位置策略下，发起者及其他商家的被选概率。另外，比较分析位置策略使用前后商家在对应位置被选概率的变化。

1.2.2 搜索广告下商家位置决策研究

商品列表的靠前位置为在线商家带来了点击量和销售的可能，因而商家希望通过各种方式获得有利的商品位置。其中，付费搜索广告作为一种有效且直接的途径被商家所接受和推崇，它使得在线商品位置作为广告位，成为一种经济资源，可以进行买卖交易，特别的是，在此交易中，买方是在线商家，卖方是在线零售平台，在线平台通过出售广告位获得一定的商业利益，在线商家通过提高商品位置增加商品被选中概率。

第1章 绪 论

（1）构建位置付费下的商家位置决策模型

一般来说，由于消费者对商品列表的"有限关注"，为了获得更多销售机会，商家有强烈的动机把自己的商品排在搜索结果的最前面。若获取商品位置不需要付出成本，那么商品列表第一位便是所有商家的理想目标；若获取或改变商品位置需要付出一定的成本，那么商家的最优位置决策便由位置变动带来的收益和成本共同决定。

（2）构建不同位置下的商品定价模型

消费者的搜索是以时间或精力成本为代价的，因而可根据搜索成本的高低将消费者分为高搜索成本消费者和低搜索成本消费者。若市场上只有两个质量不同价格不同的商品，那么高搜索成本的消费者只会点击位于第一位的商品，根据商品效用决定是否购买；低搜索成本的消费者会将两个商品都点击后进行效用比较。

在此部分的研究中，消费者以基数效用理论作为理性选择的依据，消费者购买商品获得的效用由商品的价格和质量因素来衡量。因此，商品的需求函数受到商品位置、质量和价格的共同制约，不同位置的商家由于消费者搜索范围的不同，形成了不同的商品需求，由此建立商家在不同位置上的均衡价格和质量选择模型。

（3）构建不同搜索情境下的商家位置决策模型

当消费者有序搜索时，搜索成本决定了搜索范围，消费者在视野内选择效用最大的商品，由此形成了各个商家在不同位置的需求函数，进而得到商家在不同位置的定价、销量和利润。若商家在第一位的利润高于第二位的利润时，商家就有动机对列表首位出价。若两个商家竞争商品列表的第一位，根据付费搜索竞价排名的出价原则，只要商家位于首位的利润减去出价高于位于第二位的利润（这里假设商家对第二位的出价为0），商家就有动机继续提高位置出价。因此，只有当二者无差异时，商家才停止出价，此时便得到了商家对位置的均衡出价，平台根据此出价确定商家的商品位置。

在实际中，消费者并不总是按照商品列表的顺序依次搜索，如消费者依据以往的购买经验或朋友推荐提前掌握了商品信息，对商品的效用充分了解，此时，消费者就会按照商品效用的大小顺序进行点击，此类搜索行为可称为策略性搜索行为。面对这类消费者，由于搜索顺序发生改变，不同商家在不同位置的需求函数也会发生改变，此时需要重新探讨商家的商品定价、质量选择和位置决策。

综上，结合消费者的搜索情景和行为信息，在消费者有序搜索行为和策略搜索行为下，建立在线商家竞争策略模型，对商品价格、质量和位置进行优化。

（4）构建基于位置的在线商家动态博弈模型

在线市场环境瞬息万变，竞争者随时出现，打破市场的平衡，若将市场中原有的商家视为领导者，新进入的商家视为追随者，利用斯塔克尔伯格（Stackelberg）领导者—追随者模型，研究市场上出现新的竞争者后商家的动态博弈过程，从而确定领导者和追随者的产品价格、质量选择和位置出价。若将商家先后进入市场视为竞争的第一阶段，两个商家同时决策视为竞争的第二阶段，那么采用伯特兰德（Bertrand）模型重新计算商家的各个竞争策略，通过比较两个阶段各决策变量的变化与调整，为在线商家适应不同竞争环境提供帮助。

1.2.3 搜索广告层面平台生态治理

平台对搜索广告的使用具有应当的监管责任和相应的管理权益，通过前文对在线消费者和商家行为决策的分析，平台从关系、利益、信息和运作四个方面建立电子商务生态系统的协调机制。在搜索广告业务层面，平台生态发展和治理可以从决策权、控制和定价三个方面展开：

（1）平台广告决策权

平台广告的基本原则是兼顾厂商和消费者双方利益，既能够帮助厂商引流，减少资源匹配的交易成本，又能够有效提高消费者满意度。建立兼顾二者利益的搜索广告模型，分析平台提供位置服务得到的收益和损失，建立良好的搜索广告秩序和位置择优机制。若失去厂商造成供给方的短缺，整个市场失衡，平台将无法持久经营，同样地，若只考虑搜索广告带来的收益忽视消费者体验，平台也将失去其持续发展的原动力。

（2）平台广告控制

平台需建立健全广告的准入细则，有效参与广告的过程控制，构建广告效果的指标体系以及对相关利益团体进行关联控制。

（3）平台广告定价

目前，电商搜索广告不再单纯使用搜索引擎竞价拍卖机制，而是将厂商的信誉度、销量、好评等纳入搜索排序机制，平台可通过付费权重、阶梯定价、歧视定价等多种定价策略调节商品结果列表，可大大降低假冒伪劣商通过竞价排名来侵犯消费者利益的诱惑，有效维护平台生态的健康发展。

综上，基于消费者搜索行为特征，运用概率统计知识深入分析商品位置对消费者选择的影响，构建消费者选择行为模型；结合在线消费者搜索情境和行为信息，采用博弈定价理论以及搜索引擎的付费搜索原理，研究在线商品位置决策的相关问题；宏观把控搜索广告的决策与控制，引导商家全方位竞争，打造商务平台健康、和谐发展新环境。

1.3　研究思路与框架

1.3.1　技术路线

本书主要围绕商务平台付费广告业务涉及的在线商品位置展开讨

论，研究主体为商务平台生态系统中三大利益种群——平台、在线消费者和在线商家，在线消费者的搜索和选择与商品位置有关，商家的竞争策略也离不开商品位置选择，平台生态系统发展需要完成对付费搜索广告位的监管。在消费者方面，不同的筛选条件、排序方式以及忍耐程度等形成了消费者不同且有限的商品视野，消费者在有限的视野范围内选择效用最大的商品，消费者的选择受到商品效用和商品位置的共同作用。在在线商家方面，若考虑某个商家的位置前移策略，假设商品效用排名客观存在，那么商家可通过位置前移获得的收益和平台的位置服务付费确定最优位置策略；如果考虑商家之间的竞争，那么商家通过竞价排名获得商品位置，价格、质量和位置竞争缺一不可。在平台生态发展与治理方面，从关系治理、利益治理、信息治理和协作治理四个视角为平台型电子商务生态系统的治理提出建议，特别是针对广告业务，从决策权、控制和定价三个方面完善对在线商品位置的监管。

从模型方面来讲，本书主要分为两大部分展开研究，第一部分基于序数效用理论，建立不同视野和不同位置下的消费者选择模型，接着探讨商家使用固定位置和联合位置策略后消费者选择行为的改变，以及在位置移动成本系数外生的情况下，在线商家如何确定最优位置策略。第二部分以基数效用理论为基础，使用价格和质量衡量商品的效用。首先建立两个商家静态博弈模型，确定不同位置下商家的定价和质量选择，其次根据竞价均衡条件确定商家的位置出价策略，从而得到商品的均衡位置。最后考虑在线市场的动态竞争环境，建立商家的动态博弈模型，分析商家各竞争策略的变化。每部分都是从消费者搜索选择行为开始至商家的位置策略结束，研究的具体技术路线如图 1 - 3 所示。

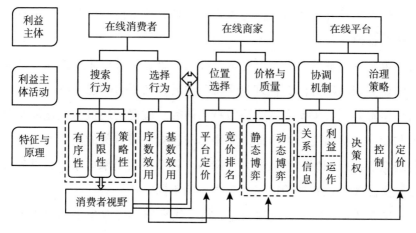

图 1 - 3　商务平台生态系统技术路线

资料来源：笔者根据研究内容绘制。

1.3.2　研究框架

本书主要基于效用理论和付费搜索原理，采用概率与数理统计、博弈论方法，对消费者选择行为、在线商家位置策略与平台位置监管进行建模和优化，具体对以下三个问题进行了研究：第一，从序数效用理论出发，研究基于在线商品位置的消费者选择行为及商家的最优位置选择；研究在线商家位置变更对消费者选择的影响；第二，以基数效用论为基础建立在线商家之间价格、质量与位置的静态博弈模型和动态博弈模型；第三，构建广告层面平台位置监管体系和平台生态系统发展协调机制。

具体安排如下：

第 1 章绪论，详细介绍选题的来源、具体研究内容、研究思路和基本框架和研究的意义。由于在线市场发展势头强劲，吸引了大量的商家入驻平台，在线零售平台普遍出现了商品基数大差异小的现象，消费者有限的精力和有序浏览的搜索习惯更凸显了商品位置的重要性和研究的必要性。商家可以通过付费服务改变商品的位置，平台可以控制收费标准和规则对商品位置进行干预，使得商品位置研究更具实际运营价值。

第2章文献综述，主要对本书涉及的研究点进行文献梳理，为本书的研究内容和方法提供理论来源。主要包括平台生态系统、搜索广告、位置与在线消费者搜索决策行为研究、位置的决策与优化以及位置与商品定价研究五个方面。其中，与位置决策有关的研究主要包含传统企业选址问题、商品陈列、网络广告及搜索引擎排序，着重分析以往文献关于位置决策的研究与本书的不同。

第3章基础理论和模型构建，在在线零售环境背景下建立本书的基础理论和基本模型，主要对三部分内容进行了梳理和分析：一是在线消费者商品搜索模式和搜索特征及消费者视野的异质性；二是在线消费者的理性选择过程—基于序数效用的选择行为和基于基数的选择行为分析；三是在线商品位置的特征、获取方式以及付费搜索的相关讨论。该部分是本书建模的理论基础。

第4章构建搜索广告下的消费者选择行为模型。本章基于序数效用理论和概率与数理统计方法，假设商品效用排名客观存在，分析某一排名的商品被选择概率与商品位置、视野之间的数量关系，建立基于商品位置的消费者选择模型，并在此基础上讨论位置付费下的商家最优位置选择问题；构建商家位置策略下的选择行为模型，分别研究在线商家使用固定位置策略和联合位置策略后，商品序列发生变后消费者选择行为的变化。

第5章和第6章以基数效用理论和博弈论为基础，分别构建搜索广告下的在线商家静态博弈和动态博弈模型，从不同位置上商家需求函数的形成过程入手，第5章建模分析商家在不同位置的定价策略和质量选择，商家在不同搜索行为下的位置出价，而第6章主要分析动态竞争环境下，商家在不同竞争阶段的策略调整和变化。

第7章基于以上章节构建搜索广告下的平台位置监管体系和平台生态系统协调机制，对本书的主要结论做出总结和深入剖析，进一步分析研究内容的不足和缺陷，提出相关管理建议和启示，并以此指明以后努力的方向。本书的结构如图1－4所示。

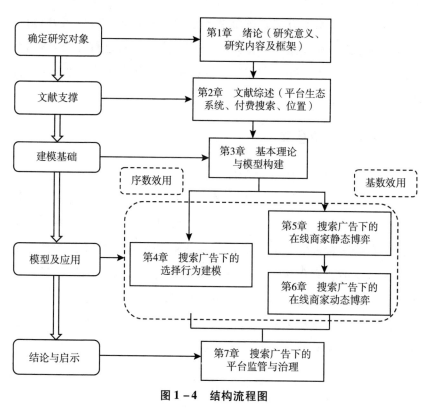

图1－4　结构流程图

资料来源：笔者根据研究内容绘制。

1.4　研　究　意　义

网络购物正以惊人的速度不断革新着社会经济体系，网络销售也受到了企业越来越多的重视。电子商务平台作为一种重要的网络销售媒介，成为企业进行网络销售的主要途径和渠道。平台运营者、厂商（含网络销售企业）和在线消费者作为在线零售市场的重要主体，也是商务平台生态系统中三个最重要的利益种群。特别是在搜索广告业务层面，在线消费者利用搜索工具快速定位商品，搜索广告帮助商家引流，提高商品曝光度，平台通过搜索广告获得收益。本书结合管理学的相关理论及研究方法，围绕商务平台商品列表广告位展开讨论，对消费者选择、在线商家位置策略和平台广告监管进行建模与优化，对消费者选择行为研究、商家运营决策和平台商品位置管理具有很好的理论和现实意义。

1.4.1　理论意义

（1）在消费者选择行为方面

以往学者大多围绕在线消费者购买的影响因素展开研究，且影响因素大多集中在网站的便利性、网页设计、商品品质、售后等方面，对在线平台商品陈列，具体到在线商品位置对选择行为的影响仍有大量空白，有待进一步探索。本书从消费者搜索特征开始，对商品位置和消费者行为决策进行全面系统的分析，在商品效用排名已知的前提下，剖析商品位置对消费者选择的影响机理，建立位置与选择行为的数量关系模型，对在线消费者行为建模研究做出的理论补充。

（2）在商品位置方面

最早研究传统市场的企业选址问题，之后零售店铺及卖场的商品陈列问题，目前多为在线零售平台商品的排序算法问题。尽管搜索引擎中关于广告位的付费机制、竞价规则多有探讨，但相关的研究只关注如何帮助搜索引擎提高消费者点击，并没有着手研究商家的位置决策问题。由于平台商品的列表展示，传统企业选址和商品陈列的思想和方法已不再适用。本书将商品位置作为隶属于平台的经济资源，结合在线消费者商品搜索行为特征和消费者理性选择规律，建立位置付费下的商家位置选择模型和商家之间的位置竞争模型，成功拓展了位置研究的思路和方法。

（3）在网络广告方面

多数研究集中于网络广告的规范与治理，防范网络广告带来的负面影响。在电商搜索广告研究方面，现有研究多从厂商角度以提高结果排名为目标，或从平台角度设置各种付费搜索拍卖机制，该思路不可避免形成广告的滥用问题。在线商家通过付费方式从平台获得有利的商品位置，作为其提高竞争力的重要手段。这种付费方式源于搜索引擎的付费搜索理念但又有所不同，商品位置的价值体现在交易的实现上，在线商家更加关注此位置点击后的转化率，十次点击一次购买与一次点击一次购买相比，获得的收益相同，但却付出了更多的广告成本（按点击付费）。基于此，本书在建模阶段，将立足点从消费者的点击搜索转移至消费者的选择决策，构建商家收益模型，通过收益比较确定对位置的投入和出价，拓展了付费搜索理念，从平台生态系统多个种群利益制约角度分析，研究结果打破了厂商追逐靠前位置的固有认知，将平台的广告营销理念转向位置管理理念，对优化平台生态系统，提升各种群整体福利有直接指导作用。

（4）在平台生态系统研究方面

以往相关研究都是以平台企业自身为出发点和落脚点，对平台生态系统的演化机理、运作机理和竞争合作机理进行了剖析，从顾客角度出发的相关研究相对比较缺乏。顾客作为商务平台生态系统中的关键种群和商务平台企业的主要服务对象，其需求变动直接影响商务平台系统的构建及价值实现。本书立足于商务平台生态系统中顾客有限浏览的特征，通过分析其搜索和选择行为，完成顾客需求的动态演化和量化分析过程，继而从顾客需求出发探讨平台生态系统种群的共生发展和治理，是平台生态系统理论研究的有力补充。

1.4.2　实践意义

近 20 年来，随着网络市场的快速发展和搜索技术的飞跃式进步，越来越多的消费者选择网络购物，并成为商务平台长期稳定客户。截至 2021 年 12 月，中国网民总人数达 10.32 亿，其中网络购物用户约占八成，大约共计 8.42 亿人（中国互联网络发展状况统计报告，2011）。2021 年，中国网络零售市场交易规模 13.1 万亿元，增长率为 14.1%，占全国消费品零售总额的 24.5%（2021 年国民经济和社会发展统计公报，2021）。此数据说明在线零售渠道已成为消费者获得生产和生活资料的重要途径，传统的线下购物虽不能被网络销售完全替代，却受到了极大的冲击。

在线零售市场的蓬勃发展使得大量商家涌入在线平台，海量的商品给消费者带来更多选项的同时，也给消费者的搜索和选择带来了困难。通过探索商品位置对消费者选择行为的影响机理，建立基于商品位置的消费者选择模型，使得商家对商品位置带来的价值有了更清晰的认识，为商家进行商品位置决策提供了重要依据。商家可以通过位置服务、竞价排名等方式参与到商品排序中，商务平台优质展示位的竞争愈发激烈，广告营销的成本越来越大，越来越多厂商迫切需要知道，展示位的广告投入与转化率是否匹配，如何根据自身选择合理的商品位置。因此，在线商品位置研究变得更具商业价值和实际意义。

事实上，在线商家盲目追逐商品位陷入位置竞价的泥潭，或者持消极态度对商品位置放任不管都是不可取的。商家面临的主要难题是根据自身实际情况，确定一个适合自身长期发展的位置决策机制或方案。本书从两个方面指导和帮助商家进行位置决策，当商家选择位置前移时，从移动的成本和收益入手，帮助商家根据自身实际情况确定最佳位置前移策略；当商家面临位置竞争时，考虑产品质量、价格及位置三个因素构建消费者需求函数，采用博弈论方法为在线商家提供商品定价、质量选择和位置出价三个方面的决策建议。此外，所建立的动态博弈模型还能够针对动态的竞争环境随时对竞争策略加以调整。综上，位置策略是在线商家争夺市场的重要手段，但商品的质量、价格也不容忽视，本书为在线商家提供了多方面、多维度的运营管理策略，对相关从业者具有重要的实践意义。

商务平台广告业务涉及多方利益角逐，平台通过广告决策、控制、定价一方面提高消费者的购物效率和满意度；另一方面引导厂商合理使用广告服务，最终完成三方总福利的提升，创建健康繁荣的商务平台生态系统。

1.5　研　究　创　新

本书的主要创新点有以下三个方面：

（1）学术思想方面

书中使用科学经典的效用理论、博弈论等，在一定假设前提下，围绕商务平台生态系统中三个种群的利益点——平台广告商品位置展开分析，从而在该层面完成平台生态的共生发展和治理研究。

（2）学术观点方面

使用消费者视野概念，提出消费者视野异质性及成因，并将其作为位置研究的出发点，正是由于消费者视野的差异才使得商品位置研究更加重要。在模型方面，①结合商品位置和商品效用，建立基于序数效用的消费者选择行为模型，揭示商品位置与选择行为之间的数量关系；②结合商品位置、商品质量和价格，建立基于基数效用理论的商家博弈模型，完成消费者行为建模、厂商博弈竞争建模和平台广告决策建模过程，引导厂商合理使用广告，同时建立多维度、多元化的竞争理念和思想。

（3）研究方法方面

以往研究都是将商品质量、价格、网页设计、物流和支付安全等作为影响在线消费者选择的重要因素，使用结构方程模型、调查问卷等方法，对影响效果进行设计和探讨，眼动实验和点击数据也仅仅证实了位置对消费者点击和浏览行为的影响。书中直接使用概率与数理统计方法，建立商品位置与消费者选择的数理模型，从数学推导证明了位置对消费者选择的作用机理，实现了从实践观察、合理假设到量化研究的突破，为消费者行为研究提供了一种新的视角和途径，是一次大胆的尝试和创新。

▶ 第 2 章 ◀

相关文献综述

本书围绕商务平台搜索广告涉及的商品展示位展开，具体从商务平台生态系统、搜索广告、位置与消费者的搜索决策行为、商家的位置策略与优化以及位置与商品定价对相关文献进行梳理，同时分析本书与生态系统研究、位置决策研究的关联性及不同之处，凸显研究价值。

2.1 平台生态系统

2.1.1 平台生态系统概念

"生态系统"一词来自生态学，指生物学和生态学学科（Chapin et al.，2004；Folke et al.，2002），其核心思想是指系统具有快速恢复的能力、自适应能力或弹性，即生态系统具有保持自生惯性的能力，同时又能适应外部冲击，具有内在进化的生成能力（罗珉和彭毫，2020）。美国社会学家阿莫斯·霍利（Amos Hawley）在《人类生态学》一书中将"生态系统"一词引入社会科学，他将生态系统称为"群体中相互依赖的安排，通过这种安排，作为一个整体运作，从而维持一种可行的环境关系"（Hawley，1986）。在厂商战略领域，美国管理咨询师詹姆斯·摩尔（Moore，1993）首次提出了"商业生态系统"（business ecosystem）这个术语，他认为厂商组织不应被视为单一行业的成员，而应被视为由不同行业的厂商组织组成的商业生态系统的成员，如同生物生态系统一样，商业生态系统会随着时间的推移而演变，并对其成员在合作、竞争、创新等方面产生影响。

现今，大多数商业生态系统都是围绕平台构建的，因而厂商组织必须依靠从平台生态系统的创新中创造价值和获取价值（Iansit & Levien，2004；Adner & Kapoor，2010；Kapoor & Agarwal，2017）。成功的厂商组织可以创建一个"平台"（服务、工具或技术领域等），允许技术在整个生态系统中流动，并允许其他生态系统成员使用该平台来实现其商业目标，平台生态系统包含组成参与者之间的结构和相互作用。

作为商业生态系统的典型代表平台生态系统，指的是"基于平台的群组，在平台领导者和参与者、互补者之间互利合作互动的基础上，参与者和互补者向平台领导者移动和靠拢，由平台领导者作为市场创造者对其参与者和互补者实施控制和协调，并利用互补性和相互依赖性进行互动"（Lescop & Lescop，2013）。平台领导者提供整个平台架构，即技术系统、控制机制、协调机制和界面规则（Isckia & Lescop，2013），为其他参与成员提供互动界面、资源、知识和其他工作组件。刘学在《平台与生态重构》一书中认为，平台运营者、产于互动的多边客户，以及为多边客户互动提供支持或服务的各类行为主体，构成了一个相互依存的生态系统。生态系统中的成员通过平台的一系列的接口或界面进行互动，并把这一界面作为价值创造的起点。

平台生态系统是平台各方参与者为了实现自己的价值主张，由平台领导、模块化厂商、互补品提供商与消费者共同构成的，以实现一个或一组焦点要约为目标所构建的一个商业生态系统。主要突出以下两点：

一是焦点要约即各参与方的价值主张，要约不仅要吸引消费者，还要吸引所需的合作伙伴。生态系统需要明确关键路径的行为者：参与（需要包括哪些人），结构（谁移交给谁）和治理（谁制定规则），平台生态系统治理体系定义了谁做什么、谁控制什么以及每个参与者将如何收益、平衡灵活性和多样性的需要、完整性和标准化的需要之间的紧张关系。

二是平台所有者将扮演中介或协调角色，平台生态系统可以被视为知识库、资源库和交互工具，当然也是界面规则制定者。界面规则是平台领导者为平台生态系统参与者制定的，各参与方成功实现价值创造和获取一种协调机制。

2.1.2　平台生态系统种群

美国管理学家马歇尔·范·阿尔斯丁等（Van Alstyne et al.，2016）认为，平台生态系统基本结构包含四类成员：平台拥有者控制知识产权和治理，平台提供者连接平台和用户，平台生产者创造产品，而平台消费者使用这些产品。例如，阿里巴巴是平台拥有者，淘宝和天猫是平台提供者，入驻商家是平台生产者，网上购买者是平台消费者。李凌（2013）将平台生态系统分为四个部分：需求端用户、供给端用户、平台提供者（平台型企业）和平台支撑者。事实上，经济生活中存在着两种主要的平台生态系统：一是由软件平台所构成的软件生态系统，如谷歌的安卓操作系统、华为应用市场等；二是由交易、网络服务等业务平台所构成的平台生态系统，如淘宝、京东、亚马逊等。本书研究第二类平台生态系统中以交易为主的平台，称为商务平台。

电子商务是一系列关系密切的企业和组织机构，超越地理位置的界限，将互联网作为竞争和沟通平台，通过虚拟、联盟等形式进行优势互补和资源共享，结成了一个有机的生态系统，即电子商务生态系统。电子商务生态系统中各"物种"成员各司其职、相互交织，形成完整的价值网络，物质、能量和信息通过这个价值网络在联合体内流动和循环，共同组成一个多要素、多侧面、多层次的错综复杂的商业生态系统。电子商务生态系统中的"物种"成员按其定位可以划分为以下四类：领导种群，即核心电子商务企业，是整个生态系统资源的领导者，通过提供平台以及监管服务，扮演电子商务生态系统中资源整合和协调的角色；关键种群，即电子商务交易主体，包括消费者、零售商、生产商、专业供应商等，是电子商务生态系统其他物种所共同服务的"客户"；支持种群，即网络交易必须依附的组织，包括物流公司、金融机构、电信服务商以及相关政府机构等，这些种群并非依赖电子商务生态系统而生存，但他们可以从优化的电子商务生态系统中获取远超过依靠自己竞争力可得的利益；寄生种群，即为网络交易提供增值服务的提供商等，包括网络营销服务商，技术外包商、电子商务咨询服务商等，这些物种寄生于电子商务生态系统之上，与电子商务生态系统共存亡（胡岚岚等，2009）。

电子商务从单一网站进化为多物种的电子商务生态系统的原因包括：一是核心电子商务企业的创建与壮大培育了新市场环境，可以容纳更多物种的参与；二是电子商务发展的内生力量，如各物种自我繁殖和进化的需要，促使更多的主体进入生态圈；三是电子商务发展所依附的支持性因素，如电子支付、物流、利好政策等的加入，加快了系统的进化繁殖，并扩大了生态系统的范围；四是生态系统的发展吸引了大量增值服务商的寄生，进一步改善了电子商务生存环境。这些内生和外生的原因使得电子商务产业的"物种"不断丰富，循环也更加完善，最终实现电子商务各"物种"成员的生态共建、生态共生以及在此基础上的价值创造、价值共享和共同进化（胡岚岚等，2009）。

2.1.3 商务平台生态系统发展问题

电子商务生态系统的效益体现在系统各"物种"成员之间的集

成性。各成员各司其职，相互交织形成完整的价值网络，物质、能量和信息通过这个价值网络在联合体内流动和循环，达到"1 + 1 > 2"的效应。电子商务生态系统通过各"物种"成员的密切合作达到协调运作的效果，从而提高整体效率和效益。

然而，电子商务生态系统中的各成员分属于不同的经济实体，各自独立运转，以各自目标最大化来进行决策。各成员为了追求不同的目标，不仅互相之间可能产生冲突，而且会影响系统的总体效益。制约电子商务生态系统中各成员共生协调发展的主要因素可以总结为以下四个方面：

2.1.3.1 信任问题

据中国互联网信息中心（China Internet Network Information Center，CNNIC）调查，网上购物最让人不放心因素中，商品品质占64%、卖家诚信占34%。网络的虚拟性和开放性是造成电子商务交易缺乏信任的重要原因，而网络安全技术、网络公司信誉和网络营销体系的信誉、电子商务信用工具、电子商务交易者诚信形象的缺乏或不足，更加剧了电子商务的信任危机问题（段鹏武，2008）。成员之间信任体系的缺乏只有以增加交易成本与交易风险作为代价。

电子商务生态系统各成员之间的信任是电子商务交易的基石，信任可以使电子商务生态系统内各成员间更好地实现资源优势互补，提高整体的敏捷性和灵活性，任何成员一旦出现不诚实行为，就将对系统内所有成员造成损失（王宁等，2007）。各成员需要在信任的基础上才能共享他们的技术、经验与能力。如果各成员间能建立一种共享数据的高度信赖关系，就可以满足一体化活动的需求即销售数据、库存数据、货运状况等数据的共享。成员之间的信任关系对于电子商务生态系统整体效率、绩效及竞争力的提高有着十分重要的作用。所以，解决信任问题是解决电子商务生态系统其他协调问题的基础。

2.1.3.2 利益争夺问题

随着"物种"成员种类和数量达到一定程度之后，电子商务生态系统资源无法满足所有成员的需要。如果每个成员都以自身的利益最大化作为前提，那么成员之间必然产生激烈的利益争夺，甚至出现低水平恶性竞争。恶性竞争使各成员的利润普遍下降，从而影响生产创新、营销创新和开发研究创新等所需要的资金支持（林健和黄卫明，2007)，严重地，还会导致生态系统内出现破坏性行为，使整个生态系统处于一种不稳定状态，打断系统演进的步伐，对生态系统造成严重的负面影响。

2.1.3.3 信息不对称问题

商品信息的不对称是电子商务生态系统中信息不对称问题的主要部分。网络的出现为信息的交流提供了极大便利，在一定程度上削弱了信息不对称带来的影响。然而，主要依靠网络运行的电子商务市场却出现了较传统市场更为严重的信息不对称问题。零售商或生产商通过网络将商品信息传递给消费者，消费者在拿到商品之前无法验证这些信息的准确性。商品信息对于关键种群内部的交易主体之间存在着严重的不对称性（廖扬，2007)。

由于存在信息不对称交易者只愿意根据预期的平均质量支付价格，那么随着价格的下降，质量高于平均水平的卖者只能退出生态系统，越来越多低质量的商品进入生态系统。反过来再一次降低交易者对平均质量的预期，最终导致电子商务生态系统内商品质量不断下降的恶性循环。

2.1.3.4 协作问题

电子商务生态系统内各成员作为独立的单元，有自己的管理目标，不同成员之间的目标冲突不可避免。事实上，各成员之间的合作与竞争同等重要，根据其所处的位置和面对的问题，成员之间在同一时刻既是竞争对手又是合作伙伴（罗珉和李永强，2003）。成功把成员间的竞争或买卖关系从胜利者失败者、契约讨价还价的关系改变为协作关系，可以消除系统中不必要的成本、库存和物资储备，从而提高整个生态系统的反应能力和效率。

另外，在电子商务交易过程中，交易双方各种形式的冲突和矛盾也会给成员间的协作带来负面影响。这些冲突和矛盾可以分为两类：一类是硬冲突，如财务和技术上的冲突；另一类是软冲突，如文化和个人冲突（吴本贵和陈治亚，2007）。交易中的冲突有可能限制生态系统功能的发挥，引发交易的低效率。在电商搜索广告业务层面，商务生态系统主要涉及商家对广告位的利益争夺问题以及平台在广告和位置管理方面的协调问题。

2.2　搜索广告相关研究

随着互联网规模的不断扩大和技术的深入发展，人类大多数娱乐和消费都转向互联网（Peng et al.，2009），计算机及一些移动智能设备逐渐取代报纸、广播、电视等，占据了主要流量，成为主流媒介。广告主的投放偏好，也从传统广告向互联网广告转变。

1994 年 10 月由美国电话电报公司（American Telephone & Telegraph，AT&T）赞助，美国《热线》杂志网站（hotwired. com）发布一则横幅广告，诞生了世界上第一个互联网广告（刘鹏和王超，2015）。自此，互联网广告经历了从合约广告到计算广告的发展。1998 年谷歌依托于搜索引擎发布竞价广告，首次通过计算机进行自动发布广告，开启了计算广告的先河。2000 年前后，在搜索引擎和竞价排名的基础上，网络广告（AD network）作为中介出现，如谷歌广告联盟（Google Adsense）、百度联盟、淘宝广告联盟等，它们考虑中小型企业的广告需求，利用中小型网站的流量，实现了众多广告主和网络媒体的充分连接。随着互联网广告市场的进一步扩大，2005年前后，出现了由多家网络广告联盟连接组成的广告交易平台（AD exchange），它在保证各方利益的同时，极大地提高了广告交易效率，是当时计算广告的热门领域。

广告交易平台结合广告需求方、广告供给方及用户数据库三方信息，利用大数据精准定位广告位的销售类型，然后对广告位进行需求方实时竞价（real time bidding），最终出价高者拿到该广告位的展示权。关键词竞价排名是付费搜索广告的主流手段，学术界现有关于关键词竞价的研究已经比较成熟，且主要产生了三个研究方向：即关键词价格预测与竞价策略、关键词点击率和转换率以及拍卖机制。

2.2.1 关键词价格预测与竞价策略

关键词是付费搜索广告的核心元素。广告主希望用尽量低的价格获得最好的位置，这既涉及对搜索引擎拍卖机制的理解，也涉及与其他广告主的出价竞争。在价格预测方面，现有研究多基于不同的理论建立自己的价格预测模型或函数并进行验证，如回归模型（Jank et al.，2006）、遗传算法（Munsey et al.，2009）等；在竞价策略方面，广告主的最优出价策略往往与竞拍规则有较强的联系，很多研究选择博弈论模型进行一般化的讨论。但在现实中，企业间的竞价是一个动态的过程，企业掌握的信息也不是充分的。据此，姚洪兴和徐峰（2005）建立了基于有限理性的双寡头广告竞争博弈模型，发现由于有限理性，企业无法迅速达到纳什均衡，需要经过长期的动态调整，而在调整过程中，企业很容易陷入混沌状态。只有当两家企业对自己收益的预期都足够高时，这种竞标过程才可能达到平衡（Lim & Tang，2006）。

此外，关于广告的品牌和排名问题，如果不知名品牌的广告能排到知名品牌广告的前面，那么用户将有很大概率记住不知名品牌，而且更愿意点击进去（Dou et al.，2010）；针对特定的拍卖机制可以通过优化位置和出价的关系来帮助广告主减小支出（Kitts & Leblanc，2004）；高排位的价格劣势以及自然搜索结果会对消费者点击率产生影响，在付费搜索结果中排在第一的广告所带来的收益往往不如排在第二的，但是当一个网站的知名度比其竞争对手高得多时，上述因素的影响将无法超越网站自身优势的影响（Katona & Sarvary，2010）。

2.2.2　关键词点击率和转化率

通常情况下，我们认为用户点击广告的可能性随广告位置的下降而迅速减小，只有将点击率[①]高的广告放在靠前的位置，才能提高广告主的收益，同时也能提高用户对广告的满意程度。如果用户根据自身的知识和经验，判断搜索结果中出现的品牌信息与自身的需求契合度较高，那么用户的点击率和转化率[②]就比较高（Rutz & Bucklin，2012）。

霍奇基斯等（Hotchkiss et al.，2006）通过追踪用户浏览搜索结果页面时的眼球运动，发现无论是在推广链接区域还是在自然排名结果中，最靠前的三个链接获得的点击率都是最高的，并据此提出了"金三角区域"概念。通过探讨点击率、转化率、每次点击费用、排名等对广告表现的影响，发现位置越靠下的广告转化率越低，且每一次点击带来的收益随广告位置的移动而变化（Chose & Yang，2009）。关于广告带来的利润，最上面的广告一般拥有最高的点击率，但利润并非最高，为了获得更靠前的位置所付出的成本有时会大于其所带来的收益（Agarwal et al.，2008），尽管广告主会购买一组关键词，但大部分关键词不能带来收益，即转化率为 0（Rutz & Bucklin，

---

①　点击率（click through rate）指用户点击广告的次数占搜索结果页面展示总次数的比例。

②　转化率（Conversion rates）指访问广告主页面并完成目标动作的用户点击占总点击次数的比例。

2007），因而，在按出价从高到低排名的规则下，广告主考虑点击率，对于最大化收益是没有必要的（Lahaie & Pennock，2007）。

2.2.3 拍卖机制

拍卖机制决定了广告主所投放广告的最终排名。好的拍卖机制应该能保证出价高的广告得到更多的点击，以提高广告主的支付意愿，并最终为搜索引擎提供商带来更高的利润。埃德尔曼和奥斯特洛夫斯基（Edelman & Ostmovsky，2007）通过引入 VCG 机制①来减少投标人的战略行为，提高搜索引擎的收入和效率。之后，广义二阶价格（GSP）②拍卖模型被引入，通过与 VCG 模型进行比较发现（Edelman et al.，2006），当竞拍者为风险中性时，第二价格密封拍卖③的平均成交价格要高于第一价格拍卖与荷兰式拍卖④，采用第二价格拍卖可以提高拍卖者的收入（Milgrom & Weber，1982）。还有学者设计常规排名对象销售的"最优机制"（Feng，2008），构建考虑预算约束的随机选择竞价模型（Zhou & Naroditskiy，2008），这些模型证实买家和卖家获得的收益均明显优于简单的第二价格连续拍卖机制。基于点击付费模式（pay per click）和按行为付费（pay per action）模式，比原模式拥有更高的收益和更小的风险（Mahdian & Tomak，2008）。另外也有一些混合拍卖机制被提出，同样被证明有不错的收益（Varian，2007）。

这些研究不仅运用各种途径和方法帮助广告主做出恰当的出价决定，也为整个战略和招标的实施提供竞价预测。这可以让广告主通过

---

① VCG（vickrey clarke grove）指广告主分别对关键词进行报价，搜索引擎按照使得总价值最大化的原则进行排序广告主的花费决定于其给其他竞拍人造成的损失之和。

② GSP（generalized second price）指搜索引擎根据广告主的出价对他们的广告进行排列，但广告的花费由点击次数和其后一家广告主的出价决定。

③ 第二价格密封拍卖又称维克瑞拍卖（Vickrey auction），指由所有买家同时提供密封好的报价，但最后的胜出者支付的价格将是第二高的报价。

④ 荷兰式拍卖（Dutch auction）又称公开降价拍卖指拍卖师逐步降低拍卖价格，直到有人接受，胜出者支付的价格是最后一次宣布的报价。

有效地管理关键词组合而大大受益，并避免由出价过高造成不必要的营销费用损失，同时也能够帮助搜索引擎提供商塑造成熟的搜索引擎营销市场，提高搜索结果质量，从而吸引更多的用户。

　　在广告投放策略方面，王冰（2009）认为互联网广告投放的目标是努力做到让广告更精准地到达目标受众，以及广告主花的每一分钱都能获得更佳效果。徐涛（2010）结合波特五力分析模型、SWOT战略分析模型，对企业搜索引擎广告投放的策略进行分析，认为企业进行搜索引擎广告的投放必须要进行策略分析，制定明确的投放目标及清晰的考核量度标准。周荣庭等（2007）通过搜索引擎的选取、关键词的选取及调整等，帮助出版社进行书籍的网络营销。徐卫等（2006）基于用户行为分析的思想，从用户在一段时间内的浏览日志中挖掘信息，确定用户的个性爱好，从而进行对应广告的投放，实验显示用户满意度有所增加。

　　事实上，搜索广告的效果不仅仅跟广告曝光有关。有时即使排名靠前，用户点击进入后，也会因为广告质量差而秒退。高点击率低转化率，不仅给企业带来高昂的广告成本，而且给用户带来厌烦情绪，使得企业形象大打折扣，所以考虑提高广告的转化率投放策略显得尤为关键，未来搜索引擎营销的目标将由现阶段的"提升接名、促成点击"转变为"将浏览者转化为顾客"（李凯等，2014）。

2.3　位置与搜索决策行为相关研究

2.3.1　位置排名与搜索行为

　　一般地，消费者的整个购物决策过程可以分为五个阶段，分别是需求确认、信息搜寻、比较选择，购买付款和售后评价（O'Keefe & Mceachern，1998；Butler & Peppard，1998；Chan et al.，2003）。在线商品信息搜索是消费者网络购物的基础，其搜索结果主要通过平台的商品列表来展示。消费者进行商品搜索、筛选及排序后便形成了各自的商品备选集，消费者在备选集中有限浏览比较后做出购买决策，可见商品在序列中的位置（排名）对消费者搜索与选择具有的重要影响（Hong et al.，2004；Jiang & Benbasat，2007；Agarwal et al.，2008）。

与传统市场提供的商品相比，在线零售平台商品信息具有以下四个特点：第一，商品信息数量大差异小且高度聚集；第二，商品信息高度透明；第三，商品信息随时更新，高度动态；第四，商品信息有序陈列，即商品信息以图片、文字动画、视频等形式按一定规则形成商品列表依次排列呈现给消费者。

在线商品搜索就是消费者对在线平台提供的商品信息进行收集、筛选、对比的过程，在整个搜寻过程中，消费者都是靠视觉来完成的，眼动仪是一种记录人在处理视觉信息时眼动轨迹的仪器。利用眼动仪可以观察和记录消费者浏览网页时眼睛移动的轨迹和速度。2006年霍奇基斯使用眼动仪记录人们浏览谷歌搜索引擎时眼睛移动的轨迹，指出用户对搜索结果项的关注度呈现字母"F"形状，当用户阅读搜索结果页面时，先在顶端以水平方式从左至右阅读，接着用户的关注点下移再做水平阅读，只是覆盖的区域要比第一部分短，依次向下，当用户没有足够的耐心时，在水平方向浏览的速度越来越快且越来越短，最后直接以垂直方向向下阅读，这也就是呈现字母"F"的缘由（Hotchkiss et al.，2006）。尼尔森在 *Eyetracking Web Usability* 一书中也支持了该结论（Nielsen & Pernice，2009）。搜索结果列表中的位置与眼睛停留的时间呈正相关关系，位置越靠后，眼睛停留的时间越短，同样说明了用户自上而下浏览链接，且越往后用户的耐心不断减少，直到精力耗尽停止搜索（Pan et al.，2004）。以上研究表明，消费者遵循自上而下、从左至右的顺序浏览结果页面，同时给予了顶部链接较多关注（Hoque & Lohse，1999）。

　　有研究数据表明商家链接的位置每下降一位就会丧失约 17.5%
的点击率（Baye et al.，2009），只有约 9% 用户选择第一页以外的服
务（Brynjolfsson et al.，2010），由于存在与评估选择相关的认知成
本，消费者往往只关注一小部分结果（Montgomery et al.，2004）。消
费者作为信息接收者，获取信息需要消耗其注意力，平台大量丰富的
商品信息造成了接收者注意力的匮乏，因而消费者只能在信息的广泛
性和时效性之间作出权衡。由于用户注意力的衰减，点击数随着排名
呈指数下降的趋势（Feng et al.，2007）。

　　陈禹（2011）从信息经济学理论出发，认为商品信息搜寻是要
付出成本的，由于搜索成本的存在，消费者的信息搜寻不可能无休止
地进行下去，当信息搜索行为的边际成本等于边际收益时，消费者便
会停止搜索（Klein & Ford，2003）。多位学者对信息搜索成本的概念
进行界定：

　　信息搜索成本指"消费者为进行信息搜索而付出的金钱上的开销、
时间上的牺牲、物理上的努力以及心理上的牺牲（Bettman，1979）。"
消费者为了确定自己对产品的喜爱程度，在购买产品之前进行一定的
商品信息搜索，在此过程中所花费的时间和精力，即为消费者的搜索
成本（Zettelmeyer，2000）。在搜索产品信息的过程中所涉及的费用、
时间和精力即为消费者感知到的搜索成本（Jepsen，2007）。

　　在传统市场的商品购买活动中，消费者商品搜索的成本主要来源
于两部分，一是时间成本，如到实体店寻找、试穿、比较、讲价等所
耗费的时间；二是现实成本，如购买时尚杂志获得商品流行趋势的信
息成本、去实体店的交通费用和鞋底磨损等（施圣炜和黄桐城，
2005）。而在线消费者通过电脑、手机等终端设备在网上获取信息，
不需要花费到场试穿和购买的金钱成本和体力成本，但却面临网络上
海量信息造成的信息过载问题，增加了消费者搜索的心理成本
（Klein & Ford，2003）和时间成本。

　　快节奏的生活让人们不断地意识到时间的紧迫性，消费者选择网

上购物的部分原因是为了节省时间，消费者的时间压力越大，对时间的感知价值越高，消费者越倾向于搜索少量的信息（Newman & Staelin，1972；Claxton et al.，1974）。消费者信息搜索的另一个原因是降低购买风险（Howard & Sheth，1971）。网上信息的真伪难以辨别，为了降低购买决策的不确定性，消费者将花费更多的时间和精力获得更多的信息，来增加对信息的信心或彻底否定信息的真实性。

另外，消费者信息搜索量还与其搜索能力的强弱有关。搜索能力即消费者认知和处理信息的能力（Schmidt & Spreng，1996），信息搜索能力越强，搜索的信息越多（James et al.，1980）。教育程度较高的消费者一般很容易掌握网络搜索工具的使用，并经常使用网络搜索与购买。网络使用经验丰富的消费者一般对信息搜索的方法非常熟悉，因而他们往往具有更强的信息搜索能力。

综上，眼动实验、实证研究及搜索成本的存在表明消费者的信息搜索是有限的，且只局限于位置排名靠前的一定数量的商品。由于消费者在各自不同的时间限制、风险感知及搜索能力下确定信息搜索量，因此，每个消费者商品搜索数量参差不齐，差异很大。

2.3.2 位置排名与商品评价

信息的陈列方式不仅影响人的信息搜索行为，同时也显著影响人的决策过程（Russo & Rosen，1975；Hogarth & Robin，1992）。特别是，在线零售平台使用电子目录呈现商品，消费者对在线商品信息不能直接感知，却容易产生位置与商品信息的相关性评价（Jansen & Resnick，2006），如"信任偏执"和"质量偏执"。

"信任偏执"指消费者相信搜索引擎将相关性最好的结果放置在结果列表的前面，"质量偏执"指消费者的点击行为受到商品结果排序的影响，消费者总有这样的误解，认为排序结果在一定程度上反映了商品质量的好坏（Jocahims et al.，2005）。通过分析消费者网页搜索的点击数据和购买数据发现，若网页提供给消费者的自然排序与产品优劣相关，或者直接反映了产品的质量，则消费者将进行较少的搜索，同时消费者剩余也有所提高（Chen & Yao，2017）。

但事实上，在线平台列表的商品序列顺序受到多种排序规则的影响，如按照价格、销量的属性排序、个性化推荐、商家的付费搜索等，商品列表最终的排序结果并不能反映与商品质量的相关性关系。虽然商品排序不能反映商品的质量特征，但可以通过消费者的点击行为将消费群体进行细分，遵循列表顺序自上而下浏览或点击的用户一般为高搜索强度的消费者，而只停留在列表前几个位置的用户多为低搜索强度的消费者，表明搜索结果列表有"过滤"功能（Animesh et al.，2011）。

一般来说，若按照自然（或销量）排序，价格敏感的消费者比质量偏好的消费者具有更高的搜索强度。因为在在线零售环境下，商品的质量信息难以准确获取，而客观的价格信息却唾手可得，质量偏好消费者的搜索成本往往大于价格敏感消费者。此外，价格偏好者也倾向于穷尽所有链接来寻求最优价格，而质量偏好者则固执地认为前几个位置的商家具有较高质量。所以，把目光聚焦于列表前面位置的多数人都属于质量偏好者，而搜索到列表底部的大部分人都属于价格敏感者。

若按照价格排序，那么比起价格敏感者，质量偏好消费者可能具有更高的搜索强度。在网购环境下，价格信息一目了然，价格敏感者可以只浏览其价格接受范围内的商品，价格超出预期则停止搜索，而质量偏好者往往会进入商品评论页面多方求证，降低购买风险，从而进行更多的搜索。所以，自上而下浏览点击的一般为质量偏好者，而停留在列表前几位的多为价格敏感者。

综上所述，搜索结果页面的商品排序给消费者提供了一种带有方向性的搜索情境，引导消费者自觉地按照自上而下的浏览顺序进行商品搜索，由于消费者搜索成本的限制，排名靠前的部分链接总是具有很高的点击率。如果消费者跳过靠前的商品链接而直接点击后面的页面，就会增加认知负担，消费者总会产生这样的担忧：是否错过了前面较好的商品，这也是消费者"质量偏执"的一种表现。总之，随着位置排名的下降，消费者的关注度和点击率都有所下降，且下降幅度有所不同（Brooks，2010）。

2.4　商家位置决策相关研究

在实际的生产销售领域中，最早涉及位置研究的是厂商和零售商的选址问题，如某企业建立新的生产部门，某连锁超市建立新的销售点等，厂商和零售商的选址问题大多需要考虑以下的因素：获取生产资源的便捷性及成本、交通运输的便利性、所选地段的租金成本以及销售端的客流量等。

零售商关于商品的摆放和陈列便是从宏观的企业选址问题转向微观的商品位置选择问题。如沃尔玛、家乐福等大型超市，向顾客提供各个品类、多个品牌的商品，由于受到物理空间和货架数量的限制，卖场只能排放有限数量的商品，如何合理地安排这些商品的位置和每类商品的陈列数量，使顾客更方便地挑选商品，超市最大限度地获得利益，这便是商品陈列要解决的问题。

视角转向在线零售市场，消费者集中于电子商务平台界面，其搜索与选择不需要付出额外的交通成本，也不会受到商家地理位置的影响。但在线市场却出现了新的位置问题，即商品在搜索结果列表中的排序问题，以及由此引发的商家对位置的选择问题。

目前，最常见的网络销售模式有 business to business（B2B）、business to customer（B2C）、customer to customer（C2C）和 online to offline（O2O）模式，他们都将商品或服务信息以列表的形式呈现给营销对象和消费者，前三种模式只考虑平台列表的商品位置，不考虑商家的物理地址，最后一种 O2O 模式比较特殊，它是消费者线上筛选比较线下完成购买和支付的一种商业模式，在该模式下，商家的销售运营不仅与平台上的商品信息位置有关，而且与商家的物理地址也密切相关，如参与美团网、大众点评网等的消费者，总是在一定的物理地址范围（距自己最近或商业圈）内搜索商品和服务信息，在考虑交通成本的基础上做出购买决策。综上，可将位置方面的研究进行归纳，如图2－1所示。

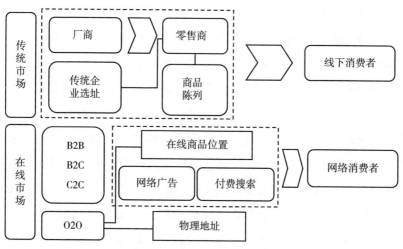

图2－1　商品位置研究归纳

资料来源：笔者根据研究内容绘制。

2.4.1　传统选址

（1）传统企业选址相关研究

在传统零售市场，消费者总是分散在不同的地理位置上，购买产品时总是需要花费与距离有关的运输成本，这样即使质量和价格相同的产品，对于分布于不同地理位置的消费者也是有差异的。因此，对于传统市场的企业而言，选址与生产、销售产品同样重要。

1929年，霍特林（Hotelling）最早研究了企业的空间竞争问题，建立了企业选址和定价的两阶段博弈模型，称为霍特林模型。此模型假定两个企业生产和销售同质的产品，边际成本相等且都为零，产品差异完全体现在空间差异上。企业之间进行两阶段博弈，第一阶段两个企业同时选址，第二阶段两个企业同时定价，整个博弈采用逆向归纳法求解。结果表明，两个企业将位置定于线性空间的中点时获得的利润最大，此时企业的选址为最小差异化原则。

此后，学者延续霍特林模型的框架进行更深一步地探索，他们认为消费者的交通成本与距离并不总是线性关系，因而采用距离的不同函数形式来度量消费者的搜索成本。研究得到的主要结论有：一是如果消费者与商品之间的运输成本采用距离的线性形式，且企业选址在线性城市的中心，那么由于企业之间的无差异将导致二者之间的价格战，此时两个企业获得的利润都为零，因此两个企业的博弈不存在纯战略价格均衡，最小差异化原则不成立。二是如果消费者所负担的运输成本为非线性的二次形式，则竞争的均衡结果是两企业定位于线性城市的两端，即最大差异化原则，同时最大化空间差异策略可以有效弱化企业的价格竞争（D'Aspremont et al.，1979）。还有学者研究消费者运输成本函数的一般形式，具体为距离的 α 次方（$\alpha \in [1，2]$）当 α 位于某个区间时才存在子博弈均衡解（Economides N.，1986）。

另外，消费者面对市场上多个不熟悉的企业，其偏好是不确定的，不考虑品牌忠诚的情况，最大化企业间的距离可以有效减弱企业间的价格竞争（Harte，1997），但在现实中总是存在这样的情况，消费者宁愿花费更多的时间排队等待，或者花更多的金钱购买某一品牌的商品，也不愿购买其他品牌的商品，企业的均衡价格、利润及位置差异性随着偏好不确定性的增大而增大（刁新军等，2008）。赵德余等（2006）结合消费者需求分布、边际成本优势等，以霍特林模型为基础探讨三阶段伯特兰－斯塔克尔伯格（Bertrand－Stackelberg）产品差异化选址策略和市场价格竞争博弈，通过与伯特兰－纳什（Bertrand－Nash）市场均衡比较，表明消费者偏好、品牌忠诚等行为的存在，会直接影响寡头市场的均衡价格，但对企业产品差异化定位策略却没有影响。

顾锋等（1999）假定两个企业的产品质量不确定，消费者对产品有一定的满意率，一部分消费者由于运输成本到达企业 1 按照一定的满意率选择购买，而另一部分消费者到达企业 2 却由于不满意产品而转向企业 1，在这样的购买策略下，建立两阶段博弈模型讨论企业的选址定价问题。随后，采用人口分布呈中央密集型的三角函数分布，对企业的选址问题进行了重新考量，为企业集中定位的直观判断提供了理论依据（顾锋等，2002）。

（2）传统企业选址与在线位置竞争的区别与联系

在线商品位置竞争与传统的企业选址问题既有千丝万缕的联系又有着诸多方面的区别。首先，它们都是解决企业在什么位置为下游零售商或消费者提供商品的问题。其次，消费者的选择都会受到企业位置的影响。它们的差异性主要体现在以下三个方面：

一是传统的企业选址问题是企业的长期战略，一旦企业的物理地址被选定，那么短时间内将不会轻易改变，企业选址变更是需要付出很大代价和遭受巨大损失的；而在线市场的商品位置选择是在线商家的短期策略，它可以随着市场定位、促销、节日及预算等方面的考虑而实时改变，且改变商品在搜索结果页面上的位置虽然有多种支付规则，但一般不需要大量资金的投入。

二是传统企业选址问题的经典模型——霍特林模型，将处于不同位置的产品视为产品的空间差异，在此基础上消费者根据购买产品的效用与交通成本之差选择商品，而在线商品位置与产品本身是独立的，商品在平台列表中所处的位置决定其能否被消费者关注到，之后消费者才在其关注的有限范围内根据商品效用大小进行选择。可以说，传统的企业选址是消费者一维决策下企业的优化结果，而在线商品位置涉及消费者的二维选择，先根据搜索成本来决定搜索的范围，然后在搜索范围内找出最优的产品。

三是霍特林模型假设消费者均匀地分布于整个市场，这就使得处于市场不同位置的消费者与商品的距离不同，消费者在衡量效用和交通成本后作出选择，而在线市场上的商品以图片形式从上至下从左至右展示，从一般的阅读浏览习惯来看，消费者大多都从商品列表的最靠前位置依次查看，即消费者集中分布于在线平台搜索结果列表的第一行最左端，且消费者每次到达不同的商品位置成本很小，几乎可以忽略不计，在线消费者网络购物耗费的成本主要是了解和比较商品信息所花费的时间成本。

2.4.2　商品陈列

在传统零售市场，商品陈列（包含商品陈列方式和陈列数量）是影响消费者购买和选择的重要因素之一（Chernev，2013；Bezawada & Pauwels，2013；Fisher & Vaidyanathan，2014）。如果商品摆放杂乱，消费者会因陈列环境不适而影响购买心情；如果同一款式的商品摆放多件，消费者也会因辨识度低，或者视觉疲劳而产生厌烦心理。

实体零售店或卖场为了方便顾客，多采取按类别或商品关联性（黄静，2007）等方式陈列商品以促进消费者的随机购买，但空间的有限性大大限制了传统市场商品选项的种类和数量，一些学者便从规划角度建立数学量化模型研究商品的陈列问题，如宛剑业等（2009）运用商品陈列原则、磁石理论，综合考虑影响销售和运输成本等方面因素，对超市包装类食品区进行商品陈列规划，孙淑军和傅书勇（2010）运用比较静态分析、线性规划等方法，对商品陈列进行科学决策，既避免了面积浪费又实现盈利最大化。

在线平台商品陈列不受空间约束，也无须考虑库存等成本问题，因而平台提供的商品没有种类和数量的限制。从消费者角度来看，平台提供海量的产品选项将产生积极和消极两个方面的影响：一方面海量的产品选项为消费者找到满意产品提供了更多的机会（Schwartz et al.，2002），使得消费者追求多样化选择成为可能（Harter，1997；黄静，2007）；另一方面选项过多大大增加了消费者比较和选择最终产品的难度（Iyengar & Lepper，2000；Chernev，2006），同时还可能提升对满意产品的期望值（Diehl & Lamberton，2007；Kuksov & Villas－Boas，2010），从而降低消费者的购物满意度，甚至出现延迟购买。

除了陈列数量，商品的陈列方式也是研究的另一主题。商品陈列方式是指"零售商以何种组织方式向消费者展示商品"（黄赞和王新新，2015），其中以分类与排序最为常见。商品分类格式不同对消费者产生的影响也不相同（Poynor & Wood，2010），以消费者为中心的陈列方式，能够清晰地表现企业的产品定位（Haley，1968；Viswanathan & Childers，1999）；以产品为中心的陈列方式，有助于消费者根据属性偏好选择商品（Kahn & Wansink，2004），降低商品相似性感知（Lamberton & Diehl，2013），提升购买满意度（Huffman & Kahn，1998）。

商品位置属于商品陈列范畴，传统的商品陈列主要指商品在物理空间上的位置摆放，而在线市场商品陈列问题则是研究平台排序规则和位置管理相关问题。在线商品位置作为隶属于平台的一种特殊经济资源，如何合理利用它为商家带来点击和销售十分重要。

2.4.3　网络广告

2.4.3.1　网络广告

网络广告又称在线广告，是运用互联网劝说用户并能与之交互的一种广告形式（Kohda & Endo，1996；Zeff & Aronson，1999；泽弗，2001）。与传统的广告媒介一样，网络广告的目标是通过传播商品和服务的相关信息影响和促进买卖双方的成功交易。网络广告是建立品牌、传播信息和进行销售等工作在网络媒介上的集中体现，其参与者包括：广告销售商、广告商和消费者。

与传统广告相比，网络广告有以下方面的特点和优势：一是针对性。网络广告以图文形式面向所有用户播放，但广告商只需为有点击行为的用户付费。二是跟踪能力。传统媒体广告很难了解到有多少人接收到广告信息，而网络广告可以根据访客流量统计或点击数据流得到每个广告的用户点击数，用户查阅的时间和地域分布，有助于广告商正确评估广告效果，有针对性地制定广告策略。三是交互性。传统媒介只能够单向地传播信息，而网络广告达到了信息互动的效果，广告商可以随时获得用户的反馈信息，对感兴趣的用户进行一对一服务，从而提高交易效率。四是发送能力和灵活性。网络广告的发布与传播不受时间和空间的限制，广告商可将广告信息 24 小时不间断地传播到世界各地，还可以根据广告的效果和评价对广告内容进行即时修改和变更，而传统媒介广告发布后很难更改，即使变动也需要付出高昂的经济代价（张建军，2002；杨坚争等，2002）。

网络广告是电子商务网站重要收入来源，网站需尽量提高其广告发布的影响力和效果，才能尽可能多地吸引广告商。如何把不同的广告合理分配至有限的广告空间上，获得较好的广告效果是门户网站关注的重点。一般情况下，可以将广告点击率作为衡量广告效果的标准。

2.4.3.2 平台搜索广告与网络广告的区别和联系

平台搜索广告与网络广告既有区别又有一定的联系。如果将二者同时放入在线零售平台来看，平台上的网络广告一般指页面顶部中央区域的条幅广告、标题广告等，现阶段已实现了图、文、声、像的滚动式播放，由于受到展示空间的限制，此区域仅仅能够存放少量的品牌广告。而搜索广告下的在线商品位置比较明确，它表示商品信息以列表方式依次呈现，各个商品所占用的位置和空间。

从付费情况看，网络广告是平台和商家协商定价，且价格相对昂贵，在线商品位置的获取分为两种：消费者排序和平台参与下的商家广告位决策。若消费者按照某种属性将商品排序，那么商品位置的获取是不收费的；若消费者采用自然排序，商家欲得到商品列表的靠前位置，那么平台就会对商品位置收取费用，具体收费规则将在之后的章节中讨论。

从广告目标看，网络广告从平台收益的视角，对各个广告进行位置规划，以消费者点击率为目标，旨在提高所有广告的整体宣传效果。而在线商品位置决策是以在线商家的利益为出发点，结合消费者搜索和选择行为，对某个商家的最优位置决策提供具体解决方案。

二者的联系体现在：在线商品列表的靠前位置与网络广告有一定的相似作用和效果，都是为了提高消费者的点击，增加购买的可能性。

2. 4. 4　搜索引擎排序

搜索引擎是大多数网络用户获取信息的主要途径，也是广告商进行网络营销的重要工具。搜索引擎的排序策略作为搜索引擎最核心的部分，直接决定了广告商出现在搜索引擎结果页面的位置（徐金雷和杨晓江，2006）。现有文献主要从以下两方面研究搜索结果的排序问题：一是技术方面的排序算法研究，文献主要集中于图书情报技术或计算机领域，二是付费搜索排名，相关文献主要出现在经济管理领域。

2.4.4.1　排序算法

搜索引擎通过排序模型对搜索结果进行排序，其目标是将满足用户需求的网页尽量排在搜索结果序列的前面。传统的排序模型可以划分为两个发展阶段，第一个阶段是基于词频和位置统计的排序模型，如布尔模型、向量空间模型等；第二阶段是基于链接分析的排序模型，如 PageRank 模型、HITS 模型等。

（1）词频和位置统计排序

从传统的情报检索理论和技术来看，如果用户输入的检索词在某一网页中出现的频率越高，出现的位置越重要，则认为该网页与此检索词的相关性越好，越能满足用户的需求（杨思洛，2005），一般情况下，网页链接在搜索结果页面的位置是通过用户搜索的关键词在该网页中出现的频率和位置加权的方法确定的。词频统计易用、易实现，然而词频相同的两个网页，质量相差可以很远。为了能够排在某些检索结果的前几位，许多网页内容的制作者绞尽脑汁，在其页面上堆砌关键词。对此，搜索引擎发展出新的搜索结果排序思想。

（2）链接分析排序

链接分析排序起源于文献引文索引机制，即论文被引用次数多，且引用它的论文质量较高，那么该论文就是此领域的核心论文。这个思路移植到搜索引擎的排序问题上，就是网页被链接次数越多、链接它的网页质量越高，那么此网页在搜索结果页面的位置越靠前，同时也是最符合用户需要的网页。链接分析算法主要有：基于随机漫游模型的，如 Page Rank 算法（Sergey & Lawrence，1998），主题敏感 Page Rank 算法（Haveliwala，2003），Hilltops 算法（Bharat & Mihaila，2001），HITS 算法及其变种和 Bayesian 算法等。

对于在线零售市场，无论是词频统计还是链路分析对平台商品排序都是不适用的，在线消费者搜索商品关键词，如"风衣"，其搜索结果并不涉及该关键词出现的频次或被引用的次数，而是将所有提供风衣的商家（商品）在平台上展示出来，因此，不能简单地直接选用以上的排序算法对在线商品进行排序。

2.4.4.2　付费搜索

付费搜索并不属于传统意义上的排序技术，而是搜索引擎开发的一种商业模式，即将广告位的使用权以付费的方式转让给广告商。因而，从商业目的出发，搜索引擎企业希望消费者搜索更多点击更多，进而从广告商处获得的利润就越多。目前，搜索引擎下的付费搜索主要包括固定排名和竞价排名两种形式。

（1）搜索引擎下的固定排名

固定排名是指广告商首先设定好关键词，并为搜索结果页面的某个位置支付一笔固定的费用（该费用由搜索引擎决策），当广告商设定的关键词出现在搜索界面时，该广告信息就会被提取，且放置到广告商和搜索引擎事先协商好的位置上。

（2）搜索引擎下的竞价排名

竞价排名是指广告商给搜索引擎服务提供商支付一定数额的服务费，另外再预存一笔广告费，同时给预先设定好的关键词进行出价。当用户搜索该关键词时，搜索引擎将依据多个广告商对该关键词的出价进行排名，出价最高的获得搜索结果列表的第一位，依次类推按照出价高低决定广告商在列表中的排序。只有当用户点击某条广告信息时，广告商才对该位置支付相应的点击费用，支付规则根据选取的竞价排名机制确定。

从理论角度来看，竞价排名将搜索引擎结果网页的位置作为经济资源向广告主拍卖（姜晖等，2009），利用商业拍卖原理将搜索结果按出价大小进行排序。目前，在国内外的研究中主要包含以下四类付费搜索拍卖机制：

①VCG 机制，拍卖人按照所有商品拍卖后总价值最大的原则，将各个商品分配给其对应出价最高的人，竞拍人按照要求需对每个商品都提出自己的报价。在 VCG 机制下，"说真话"是每个竞价人的占优策略（Vickrey，1961；Clarke，1971；Groves，1973），VCG 结果是一个无嫉妒均衡。尽管从理论上分析，VCG 机制能同时实现效率和稳定性，但其要求的计算量太高，从而导致其可操作性降低。另外，广告主受到自身信息的限制，很难准确估计每一个商品位的价值，使得此机制实用性大大降低。

②GSP 单纯竞价排名机制，每个广告主只报告一个竞价，搜索引擎按照竞价高低顺序分配位置，广告主对每次点击的付费是排名紧随其后的广告主开出的竞价。埃德尔曼（Edelman，2007）和范里安（Varian，2007）等分别以雅虎和谷歌为研究对象建立了付费搜索广告的 GSP 拍卖模型，并给出了实现无嫉妒均衡的条件。GSP 单纯竞价机制下，商家对某一位置的估值只与其位置排名有关，位置排名越

靠前，商家对此位置的出价越高。但实际上，某一位置的关注与点击还与商家的广告特征或者其他位置的竞争有关。消费者的搜索与商家发布的广告相关程度不同，处于同一位置具有不同广告特征的商家获得的点击也不尽相同，此时基于 GSP 拍卖的单纯竞价排名就未必是有效的拍卖机制。

③有效竞价排名，国内学者姜晖等（2009，2010）认为用户对广告位的点击数不仅受到位置排名的影响，广告主的网页特征和内容也会影响用户的点击，由此提出了有效竞价排名模型，并在此机制下给出了广告主整体收益最优的竞价策略和"局部无嫉妒均衡"条件，随后在动态环境下讨论了排名规则对拍卖收益和均衡效率的影响。有效竞价排名的基本思想是按照每个广告主对搜索引擎的收入贡献进行排名，收入贡献越大的广告主排名越靠前。由此有效竞价排名更接近广告收入最大化的目标，也使得那些具有良好相关度的广告主更有希望获得好的排名。

④可信竞价排名，汪定伟（2011）将商家的信誉度与其对位置的出价相乘得到一种新的竞价规则—可信竞价，并在此基础上讨论了该机制对搜索引擎收益的影响，随后殷红（2014）提出了考虑广告主信誉的 GSP 拍卖机制，给出在此机制下广告主的最优均衡竞价策略，同时分析此均衡策略对拍卖收益及拍卖效率的影响。可信竞价排名将广告商信誉作为出价的权重，使得所有广告商的出价都有所降低，但减少程度有所不同，低信誉的广告商比高信誉广告商减少得更多。因此，低信誉度的广告商要取得好的排名，就需要支付比单纯竞价更高的价格。换句话说，如果广告商能够提高自身的信誉，即使出价不是最高也可以获得靠前的位置，从长远看，此机制将有利于商家提高信誉，从而提升用户对搜索引擎的整体满意度。

2.4.4.3 平台搜索广告与付费搜索的差异

平台搜索广告与搜索引擎的付费搜索存在以下不同：从位置获取

的主动性方面，搜索引擎将位置作为经济资源以固定付费或竞价排名形式提供给广告商，主动性主要体现在搜索引擎企业；而在线零售平台，商家为了增加被消费者购买的机会，对平台商品列表的靠前位置提出需求，主动方为商家；从实施目标和价值实现方面，广告商争取广告位的目的是获得更多的用户点击，达到宣传推广的效果，而在线商家获取商品列表的靠前位置，得到消费者点击还远远不够，点击最终能否转化为购买还取决于商品本身。简言之，如果消费者没有发生实际购买行为，那么对于商家来说商品位置的价值并未真正实现。

在位置获取方式方面，二者是相似的，平台搜索广告主要借鉴搜索引擎下的付费搜索排名，通过平台位置移动定价和商家竞价排名两种付费方式获得商品列表靠前的位置（见表 2 - 1）。

表 2 - 1　　　　　　　平台搜索广告与搜索引擎排序

		平台搜索广告	搜索引擎排序
不同点	发起者	在线商家	搜索引擎
	价值实现	成功交易	点击
	决策目标	商家各自利润最大化	搜索引擎点击数最多
相似点（借鉴）	获取方式	客观排序	排序算法
		平台位置移动定价和商家竞价排名	搜索引擎下的固定排名和竞价排名

资料来源：笔者根据研究内容绘制。

2.5　位置与商品定价相关研究

众所周知，价格是影响消费者是否购买的重要因素之一，虽然个体偏好对选择有一定的影响，但如果价格不能接受，喜爱也不能变成拥有。因此，商品价格上升必然导致消费者购买意愿下降（Mankiw，

1998），（这里的商品指一般消费品），这个一般规律已经在经济学和行业实践中得到了广泛验证，当然在在线零售领域也是普遍适用的。

事实上，消费者对在线平台获得的商品价格更为敏感，这是因为在实体店购物时，消费者对商品的质量可以直接感知，虽然价格对商品质量有一定的信号作用，但直接感知比价格推断更为可靠。而在网购环境中，消费者不能触摸、不能试穿、不能试用，不可能直接获得商品质量信息，价格成为网络购物中反映商品现实最重要的市场线索：一是价格对商品质量或价值有一定的信号作用，消费者的普遍认知是价格高低反映了质量水平的高低（Moore & Carpenter，2006）；二是价格会被感知为经济上的损失，将作为成本因素影响消费者的感知价值和购买意愿。而在线商品的定价问题受到市场定位，生产成本，营销策略，商品陈列甚至是消费者心理等多方面因素的影响，本书只讨论与位置相关的在线商品定价问题。

2.5.1　有序搜索下的商品定价

消费者的购买决策是以获取足够的商品信息为基础的，消费者搜索的目的就是为了获取商品信息。为了避免重复搜索和网络迷航，消费者的搜索行为往往遵循一定的规律。

假设商品是同质的，所有商品选项的顺序都是事先确定好的，消费者按照商品列表顺序有序搜索，若第 j 个企业的价格与消费者对第 $j+1$ 位价格期望值之差小于（或等于）搜索成本时，消费者继续搜索，否则停止搜索并购买搜索范围内价格最低的产品，那么商品的均衡价格将随着搜索顺序下降，由于消费者的搜索成本不同，均衡价格的分布依赖于搜索成本的分布，拥有低搜索成本的消费者搜索更多的商品选项，将获得更好的交易。搜索成本限制了搜索范围，同时制约着商品的均衡价格（Arbatskaya，2007）。

假设消费者首先搜索某个企业，对剩余的其他企业进行随机搜索，若商品质量无差异，则首先被搜索的企业，其产品定价将低于其他竞争对手；若商品质量有差异，高质量的企业更希望被消费者最先搜索，从而增加企业利润，提高消费者剩余和社会福利（Armstrong et al.，2009）。将首先被搜索的企业扩展至多个，之后进行随机搜索，则所有企业的商品定价都有所提高（Zhou，2009）。

威尔逊（Wilson，2010）将消费者分为两类：正单位时间成本（costly-shoppers）和零单位时间成本（shoppers）。正单位时间成本的消费者，其最优行动是从实际价格最低且小于等于最高支付意愿的企业搜索并购买商品，而零单位时间成本的消费者，其最优搜索策略比较复杂，企业可以通过选择被消费者所定位（主要指获得搜索产品并获取价格）需要的时间长度和商品定价来影响消费者的搜索顺序，当企业选择增加被消费者找到时间长度时，企业面对的竞争减弱并且能够从中获利。

2.5.2 基于位置的商品定价

商品位置与商品的其他属性（如质量、服务水平等）一样，既是影响消费者购买决策的关键因素，也是商家进行竞争的重要手段，将商品位置同商品定价理论相结合是目前一个重要的研究领域。

在传统市场上，商品位置有一定的价值是因为：第一，有些商品放置在重要、显眼的位置，将引起消费者的注意并产生购买；第二，商品的位置优化可以节省货架空间，提高卖场的空间利用率；第三，将相关产品或互补产品摆放在一起，会引起消费者的关联购买。

对于网络市场，平台搜索广告的发展，使得商品位置的研究地位和应用价值得到了快速提升。商家对位置的竞争和商品定价涉及复杂的利益权衡：一方面，商家面临着商品定价权衡问题，过高的商品价格可能会降低销售量，导致库存剩余，最终利润受损，而价格太低又会损失应有的收益；另一方面，商家需要选择合适的位置竞价，出价过高，造成不必要利益牺牲是不明智的，但同时出价又应该足够高，才能获得足够的客户点击（Ye et al.，2015）。所以，真正的挑战是商品定价和位置出价之间的权衡及相互作用。

在线消费者的搜索行为对商家位置选择及商品定价也存在重要影响，在线消费者行为具有两方面的搜索特征：可观测的搜索顺序；多样化的搜索成本。有学者考察两个商家关于位置和价格方面的竞争，给出了两个企业混合纳什均衡的商品定价和位置出价策略。具有竞争优势的企业，对主要广告位的竞争并非总是有利的，而竞争力较弱的商家需要衡量赢得第一位获得的额外需求与较高的均衡出价后决定位置策略，从而将位置的价值内生于价格竞争中。另外，作者还探讨了消费者其他搜索策略下的商家博弈：一是消费者并不总是从第一位开始点击，而是从低价开始搜寻；二是消费者对某品牌或某特性的产品具有特殊偏好，从其偏好的产品开始抽取；三是由搜索成本控制的搜索行为（Lizhen et al. ，2011）。

2.6　本　章　小　结

本章从五个方面对相关文献进行归纳和阐述，分别是平台生态系统、搜索广告、位置与消费者搜索评价行为、位置的决策与优化以及位置与商品定价，并以此作为本书的理论来源和支撑。

平台生态系统作为各种群活动的架构，各利益方通过平台创造价值，共生发展，搜索广告业务将利益相关方锁定在平台管理者（运营者）、在线商家和消费者三方，围绕平台提供的商品位置，三方出现了利益冲突问题和协调问题。

具体来说，消费者在在线零售平台购买商品之前，总涉及一系列商品信息的查找、筛选、搜索和比较行为。在线平台将商品信息以图片、文字、视频等形式，按照一定规则排序形成商品列表呈现给消费者，这样的陈列方式直接影响消费者搜索行为和商品评价。眼动实验和大量实证研究表明消费者的商品搜索按照结果列表的商品排列顺序有序进行，位置排名越靠前，获得的关注度和点击越高。消费者的信息搜索量由消费者信息搜索成本决定，由于时间、精力的限制，消费者只能浏览排名靠前、有限数量的商品。

在消费者决策过程中，消费者对在线商品不能直接感知，只能通过平台的电子目录获得商品信息，因而容易产生位置与商品信息的相关性评价，认为排序结果在一定程度上反映了商品质量的好坏。但事实上，在线平台列表的商品序列受到多种排序规则的影响，如按照价格、销量的属性排序、个性化推荐、商家的付费搜索等，商品列表的最终排序结果并不能反映与商品质量的相关性关系。

搜索页面的呈现结果在一定程度上决定了消费者的选择结果，商家在商品列表中的位置对其市场运营相关决策至关重要。关于位置决策的研究从传统领域到在线领域，从定性分析到建模与优化，以往文献都有涉及。本章主要从传统选址问题、商品陈列、网络广告和搜索引擎的付费搜索四个方面进行阐述，并将它们与电商搜索商品位置逐一比较分析。位置研究的理论体系已逐步形成，但对于在线零售市场的位置研究还有所欠缺，现有研究主要涉及在线零售平台商品的排序算法问题和搜索引擎中关于广告位的付费机制、竞价规则等，此类文献的关注点主要是增加消费者点击量，提高搜索引擎的整体收益，而少有文献从在线商家运营角度研究其位置决策问题。因而，探讨在线商家位置决策的优化与管理对该理论体系的完善具有十分重要的意义。无论是商家对消费者的销售行为还是商家之间的竞争行为都离不开商品价格，位置策略与商品定价相结合将成为在线商家运营管理中一个新的研究课题。

▶ 第 3 章 ◀

基础理论与模型构建

消费者是平台生态系统中一类重要群体，是平台企业赖以生存和发展的基础力量，本章从消费者进入电子商务平台搜索行为入手，开始本书的分析与建模。主要包含消费者视野的异质性及成因，效用理论下的选择行为和在线商家的位置获取三大内容。

3.1　在线消费者商品搜索

在线信息搜索是电子商务活动中一个普遍存在且十分重要的环节（Gefen & Straub，2000；Pavlou & Fygenson，2006）。一方面，互联网技术对用户的信息搜索产生了积极影响，方便了信息交换和传播（Hsinchun et al.，2003）。互联网拥有廉价储存信息、高速传播信息和及时互动信息的能力（Robert et al.，1997），它可以将不同地点不同形式的信息集中在网络上海量存储并有效传播，使得用户获得了原本根本不可能获得的信息（Kraut et al.，1998）。

另一方面，网络信息过载现象严重阻碍了用户信息搜索的效率和质量（Nachmias et al.，2002）。网络信息的优点是信息量大、来源广、更新快，缺点是信息质量差、信息无条理且缺乏组织、同时重复现象严重，这些缺点显著降低了用户利用网络查找信息的热情。用户将有限的注意力用于无序且分散的信息搜索中，使得用户的信息搜寻行为大多时候成为一个来回反复的过程（唐亮等，2008）。因此，用户在信息搜索过程中，一般都会选择遵循一定的搜索规则或顺序，以此减少不必要的反复行为，从而提高查找效率。

在线消费者商品搜索是指消费者在网络零售平台进行商品信息收集、筛选、排序以及对比的过程，其主要目的是降低商品选择的不确定性，为购买决策做准备。

在线平台为消费者提供了免费且丰富的商品信息，而消费者在商品信息搜寻中也发现了一些问题：首先信息质量下降，在线商品信息实时变动且数量增长迅速，平台和商家作为信息提供者疲于管理和维护，使得在线商品信息过时、不完整，甚至有些商家直接将虚假商品信息推送给顾客。其次信息重复现象严重。由于商家提供的同类商品基数大差异小，于是平台上的商品信息总是存在大量的重复现象，消费者点击商品页面链接后发现，除了商家名称和地址不同，网页上的商品介绍、图片信息、模特展示、甚至是注意事项等一系列条目都完全相同，使得消费者无法甄别商品的差异。最后信息搜索"迷航"，消费者从搜索结果页面进入某个商品链接，又从此页面点击进入其推荐的商品链接，这种非线性的浏览方式使得消费者迷失在网络空间中，对获取的商品信息感到混乱且缺乏比较依据，选择更加迷茫。

在线消费者的购买过程分为两个阶段：第一阶段消费者根据品牌、款式等个体需求剔选出符合要求的备选项商品；第二阶段对各个备选项进行重要属性方面的权衡和比较，最后做出购买决策（Häubl & trifts，2000）。在实际操作中，消费者首先在包罗万象的网络市场输入关键词查找所需商品；其次，有选择地利用排序、筛选等工具，对结果列表中的商品进行精简和重排列；最后，对商品进行比较和选择。

以淘宝平台为例，在线消费者购买决策前的商品搜索一般是这样进行的，在淘宝平台的搜索框内输入商品关键字：奶粉，可以得到如下的结果页面（见图 3 - 1）。

图 3 - 1　在线搜索结果页面（截取）

资料来源：截取自淘宝页面，截取时间 2022 年 4 月 26 日 https：//s. taobao. com/ search？q = % E5 % A5 % B6 % E7 % B2 % 89&suggest = 0_1&commend = all&ssid = s5 - e&search_ type = item&sourceId = tb. index&spm = a21bo. jianhua. 201856 - taobao - item. 2&ie = utf8 & initia- tive_id = tbindexz_20170306&_input_charset = utf - 8&wq = naifen&suggest_query = naifen&source = suggest。

平台将海量的商品分页显示，淘宝平台一般给出前 100 页的搜索结果，消费者可以通过品牌、适用阶段、包装和产地等筛选条件缩小搜索范围，还可以通过价格、销量等属性将商品重新排序形成消费者的商品备选集。简言之，在线消费者的搜索模式一般遵循以下步骤：输入关键词查找、根据商品特征筛选、根据偏好排序和依次浏览点击。

3.1.1　在线消费者搜索特征

消费者的最终购买决策依赖于产品备选集，而消费者如何搜索，搜索多少直接决定了其产品备选集的商品序列，因此，研究消费者的搜索行为特征对消费者选择结果分析和商家决策十分重要。有学者提出，消费者的信息搜寻分为搜寻程度、搜寻方向与搜寻顺序（Beatty & Smith，1987；Enjel et al.，1995）三个维度。搜寻程度指消费者信息搜寻的总量。以网络购物为例，搜索程度就是消费者搜寻了多少个产品、多少个店铺、搜寻了多长时间等；搜寻方向指的是消费者信息搜寻的内容。一般地，若消费者需求目标明确，则输入的商品关键词就是其搜索方向；搜寻顺序是指消费者搜寻信息的先后顺序。如按照产品的品牌，产品的某些属性特征以及受欢迎程度等。

从以上三个维度和在线消费者搜索现实分析发现，在线消费者的搜索行为有如下三个特征：

3.1.1.1　搜索有限性

在线商品搜索就是消费者在购买决策前获取商品相关信息的行为，米勒（Miller，1983）将人类定义为信息消耗者，信息获取需要消耗接收者的注意力（Simon，1971）。现代社会大量丰富的信息造成了接收者注意力的匮乏。由于精力有限，消费者只能在信息的广泛性和时效性之间做出权衡。所以，消费者的信息搜索是有限的。

从信息经济学中的收益—成本理论来看，消费者信息搜索是要付出成本的，当成本和期望收益均衡时消费者就会停止搜索。虽然网络信息搜索成本比传统市场有所下降，但面对平台大量丰富的信息，消费者的精力相对匮乏，因此，搜索结果页面的商品序列只能得到有限关注，消费者的搜索范围非常有限。

3.1.1.2 搜索有序性

无论是使用计算机还是手机终端，用户从网上获取信息都是靠视觉来完成的。购物搜索结果页面的商品排序给消费者提供了一种带有方向性的搜索情境，引导消费者自觉地按照自上而下的浏览顺序进行商品搜索，如果消费者跳过靠前的商品链接而直接点击后面的页面，那么就会增加认知负担，产生这样的担忧：是否错过了前面较好的商品。于是，消费者总是按列表顺序依次搜索，且高搜索成本的消费者多停留在靠前位置，而低搜索成本的消费者将会点击较多的商品链接。

3.1.1.3 搜索策略性

在网络上，消费者的点击行为是可以直接观测的，当消费者输入关键词得到搜索结果列表后，有的消费者从结果列表的第一项开始依次点击，有的消费者浏览完第一页的所有商品信息后才开始选择性地点击，还有些消费者似乎毫无规律地随意点击，那么消费者看到搜索结果后如何处理这些信息，按照怎样的原则来确定点击的顺序？是有规律可循还是毫无章法可依？

黄鹂强和王刊良（2012）认为消费者对商品的熟悉程度会影响其对搜索结果的点击位置。对于消费者熟悉的产品，结果列表中靠近中间位置的选择将会被更多地点击，而对于消费者不太熟悉的商品，搜索结果中比较靠前的选项将获得更多的点击。

消费者的搜索行为从来都不是盲目的，而是具有一定的策略性，这一结论既可以看作是人为选择形成的，也可以理解为是客观因素决定的。在线消费者的信息搜寻实质上是一个人机交互的过程，平台若是仅仅按照机械化的程序和算法呈现商品信息（如属性排序），那么总会出现一些不合情理或者毫无意义的页面展示。如淘宝平台搜索"毛衣"，平台会给出以下的搜索结果页面（见图 3 – 2），此时展示的结果为自然排序结果。

图 3 – 2　关键词"毛衣"搜索结果页面（截取）

资料来源：截取自淘宝页面，截取时间 2022 年 4 月 26 日 https：//s. taobao. com/ search？ ie = utf8&initiative _ id = staobaoz _ 20220426&stats _ click = search _ radio _ all％ 3A1&js = 1&imgfile = &q = ％ E6％ AF％ 9B％ E8％ A1％ A3&suggest = 0 _ 1&_ input _ charset = utf – 8&wq = maoyi&suggest _ query = maoyi&source = suggest&sort = default。

在此排序下，毛衣的价格从 9.9 元到 67.98 元不等，若消费者为价格敏感型，价格作为其购买选择的主要考虑因素，那么按照价格排序则是他比较自然的选择，但是，按照价格排序后却出现了如图 3 – 3 所示的结果页面。

从图中可知，按照价格排序，页面结果会出现大量相似或相同的产品信息，消费者难以区分。另外，还会出现一些极端低价，如 0.1 元此价格并非实际交易价格，而仅仅是商家为了吸引消费者点击而设，此时，按照价格排序的结果页面并不能满足消费者的购买需求。消费者会按照更加合理的顺序来点击商品，这样的搜索行为可以看作是消费者的策略性搜索行为。在上面的例子中，消费者一般会在自然排序的页面上，按照价格 9.9→19.9→52.98→67.98（元）依次点击商品。消费者的策略性搜索行为是由于人机交互的固有缺陷造成的，运用程序设计的算法和工具并不能像人脑一样思考，因而策略性搜索也是比较自然和合理的搜索行为。

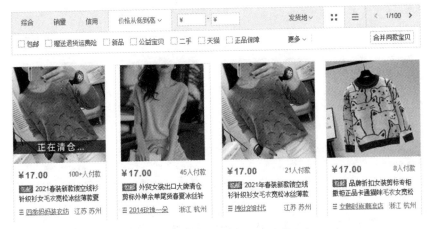

图 3 - 3   价格排序页面结果（截取）

资料来源：截取自淘宝页面，截取时间 2022 年 4 月 26 日 https：//s. taobao. com/search？ ie = utf8&initiative_id = staobaoz_20220426&stats_click = search_radio_all% 3A1&js = 1&imgfile = &q = % E6% AF% 9B% E8% A1% A3&suggest = 0_1&_input_charset = utf - 8&wq = maoyi&suggest_query = maoyi&source = suggest&sort = price - asc.

此外，本书所引入的消费者策略性搜索行为还有另一层含义，指消费者按照商品效用的大小确定其搜索顺序，知情者采用策略性搜索行为，从效用高的商品开始搜索。

综上，受到在线零售平台商品的陈列方式、消费者的阅读习惯以及个体时间、精力的影响，在线消费者的搜索行为具有以下三个特征：一是有限性；消费者的精力、时间等都是有限的，不可能搜索所有的备选方案，当搜索达到消费者的忍耐极限时，消费者就会停止搜索，信息经济学中的收益—成本理论支持了这一观点；二是有序性；有序搜索一方面是在线平台展示商品的方式间接决定的；另一方面，消费者进行有序搜索可以有效地避免搜索的反复，减少重复搜寻量，提高购买效率。眼动实验和一些实证结果都证实了消费者搜索是遵循一定顺序的；三是策略性；消费者具有一定的偏好，而商品展现出的特性会使消费者的搜索行为表现出一定策略性，如连续展示的商品无明显差异，消费者就会跳跃搜索；又如按价格排序的商品结果页面，出现了无效价格的商品或与搜索结果根本不匹配，消费者会在自然排序的页面上自主按价格顺序点击，进行策略性搜索。消费者最终在有限、有序和策略性搜索的基础上形成各自的商品备选集，从而做出各自的理性选择。

3.1.2　消费者视野的异质性

视野指的是消费者在有限且有序的搜索行为下看到的商品序列。消费者进行有限搜索，由于个体对搜索收益和成本感知不同，因而搜索的范围不同；消费者进行有序搜索，由于平台多种排序规则和排序方式，不同个体选择不同的排序方式，因而面对的商品序列也不同。平台因素和个体差异造成了消费者视野的差异。

3.1.2.1　搜索范围差异

营销学者和经济学家早就认识到，由于偏好分散、商品激增和非零搜索成本等原因，消费者一般不会浏览所有的商品选项（James et al.，1980；Hauser & Wernerfelt，1990）。

通过观察消费者的实际搜索情况发现，价格敏感型的消费者，在选择商品时首先按照价格属性排序，而后按价格由低到高有序搜索，当价格超出接受范围，则直接放弃搜索；对商品不了解或无法确定商品优劣的消费者，一般会选择按销量排序，这类消费者认为销量高的商品是受大众喜欢的，购买风险最小，当销量低于某个值的时候停止搜索；还有些消费者会对商品款式及特征等进行筛选，符合筛选条件的商品才能进入消费者视野，搜索也局限于此集合内。因此，从搜索偏好来说，消费者搜索范围是有限的。

学者们一般从信息经济学的成本—收益角度来研究消费者搜索量的问题。商品信息搜寻是以付出成本为代价的（Stigler，1961），由于搜索成本的存在，消费者不可能无休止地进行搜索，当信息搜索行为超过消费者的忍耐力或承受力时，消费者便会停止搜索。本质上，消费者的视野范围便是消费者感知搜寻成本后的搜寻量。

若使用经济成本、搜寻时间或时间价值来表征搜寻成本（Lee et al.，2003），那么一些消费者花费大量时间浏览商品网页的事实表明，存在搜索成本很小的消费者，他们享受着搜索比价找寻最优的过程，从线上购物得到享乐效用（Childers et al.，2001）。当然也存在搜索成本较高的消费者，他们的目标是花费最少的时间找到想要的商品（Clarke，1971）。由此，搜索成本的不同便造成了消费者视野大小的不同。

在网络环境下，信息获取的便利性和低成本，使得消费者的信息搜寻成本明显下降，最直接的结果就是消费者会进行更多的搜索。同时又有实证研究表明，网络环境下的消费者并没有扩大其信息搜寻的范围（Johnson，2004；Zhang et al.，2007）。

3.1.2.2 商品序列差异

虽然消费者按列表顺序进行有序搜索，但消费者面对的商品序列却千差万别：（1）消费者对搜索结果按照某一属性（销量、价格、商家信誉等）排序所形成的商品序列不同；（2）平台使用个性化推荐工具，针对任意的单个用户，依据以往的购买记录和偏好特征，给特定的用户推荐不同的产品，从而形成每个消费者独有的商品序列。如某消费者在购买苹果手机后，平台会为其推荐苹果平板、苹果电脑、耳机、数据线等相关或配套产品，这些产品虽不是消费者主动搜索，但却为消费者提供了合理的商品选项，为商家带来被选的可能；（3）从商家角度看，位于最高位的页面链接基本上获得了最高的点击率，且从上至下快速下降（Ansari & Mela，2003；Brooks，2004；

Ghose & Yang，2009），因而商家会主动采用付费搜索的方式获得靠前商品位置，若商家对位置付费的预算发生变化、平台对位置定价或竞价规则有所改变、其他商家对位置给出了更高的出价等，都会导致商家位置的变更，从而形成实时动态变化的商品序列。

综上，消费者视野的差异性主要体现在两个方面：一方面，客观属性排序，推荐系统和付费搜索等多种排序形式，使得消费者面对的商品序列各有不同；另一方面，消费者感知收益和成本的差异形成了不同视野范围。因此，同一商品在不同消费者眼中可能出现的位置不同，甚至根本未进入消费者视野，消费者的选择与视野息息相关。

3.2　在线消费者商品选择

在线消费者商品选择就是从若干可以相互替代的商品中选择一个满意商品并完成购买，其本质是一个决策过程。从发展过程和研究范式看，决策理论分为理性决策理论和行为决策理论。理论决策理论主要以效用理论为研究基础，而行为决策理论以人类实际决策为出发点，研究人的实际决策规律及其影响。

理性决策理论的基本前提为决策者是完全理性的，他能够获取准确有用的信息，并能够完全推导出最优选择，此理论为决策者提供了一套行动规则，使其在不同偏好和信念的基础上选择最满意方案。理性决策理论有三大特点：一是以决策者现状为分析基础，能够清晰地显示出决策者的推理过程，且符合一致性原则；二是对后果进行预测，决策者按照决策准则做出评价和抉择；三是符合概率论的各种规律，运用严格的逻辑演绎和数学定量分析方法。

消费者的理性决策是以效用理论为基础的。效用指的是消费者在消费或使用某种商品时所感受到的心理满足感（吴文盛和于振英，2014）。效用的有无或者效用的大小主要取决于消费者的主观感受，因而效用因人而异，不同消费者对同一个商品产生的满足感不同，即使同一个消费者，在不同时空条件下对同一商品也会有不同的效用感知。

当消费者面对多个商品进行选择时，购买不同的商品获得的效用大小便是消费者选择的依据和标准。效用理论的发展大致可分为基数效用论和序数效用论两个阶段。二者的优劣一直都是经济学家们争论的焦点，基数效用论长期占据着古典经济学的主流地位，序数效用论在对基数效用论批判的基础上发展壮大。

基数效用的基本观点是使用基数数值来度量消费者心理的满足程度，该理论认为，效用就像长度或温度那样可以定量地度量，如用1、2、3等基数赋予商品效用数值，那么代表消费者心理满足度的效用可以比较大小，加总求和，如果要分析消费单位商品消费者效用的变化就可以使用微积分来计算，即使用边际分析法来研究消费者效用的改变。这一新的研究范式使得消费者选择行为分析不仅仅从理论和心理因素上进行探讨与分析，而是向定量分析、数学推导等方向延伸，使提供商品的商家对消费者的选择有了更清晰的认识，因此基数效用论一度成为经济学研究范式的主流。

序数效用论认为，效用作为消费者的心理满足程度是无法使用基数来衡量的，它是消费者获得各商品选项后，心理满足程度的相对水平。消费者在购买商品时，会选择其中一种商品而放弃另一种，表明消费者认为某个商品"优于"另一个商品，基于这一认识，早期的经济学者提出了消费者"偏好"这一概念（Hicks & Allen，1934），偏好也是一种主观态度，是消费者面对几个选项时选择某一选项的倾向（Slovic，1995）。若消费者选择了 A 而放弃了 B，则说明此消费者对 A 的偏好大于对 B 的偏好，也说明 A 带来的心理满足感要多于 B。因此，可以使用表示偏好的序数来表示效用的相对大小。消费者使用序数效用进行商品选择就是对商品序列按照自己的偏好进行排序的过程，商品之间的效用之差有多少消费者并不关心。

基数效用论基于消费者对所选商品（或商品组合）的效用大小充分了解，以此作为理性选择的依据；序数效用论基于消费者自身对商品的偏好排序而做出理性选择。因此，如果是针对某个消费者的理性选择，无论是使用基数效用还是序数效用，他的选择结果都是相同的，二者在本书中的使用效果是一致的。

在不同的假设前提和研究范围内，运用以上两个效用理论都可以刻画消费者的群体选择行为，假设市场上的同类产品存在公认且客观的效用排序，那么消费群体对产品的偏好排序一致，此时就可以采用序数效用理论来研究消费群体的产品选择问题；若不同消费者对产品的心理满足感不同，则可利用一定的分布函数来度量消费者对产品的满足感，此时便可使用基数效用理论来探讨消费者的商品需求及其他利益方的量化计算问题。

一般情况下，在线消费者通过比较商品效用，所做的购买决策常常为不完全信息下的相对最优。在网络零售环境下，消费者有限的搜索行为，使得消费者得到的信息总是不完全的，在线消费者的商品选择成为一个有限制条件的理性选择过程（Richard & Dwight，2010）。在本书中，在线消费者在各自有限的视野范围内进行理性选择，消费者搜索的范围越大，拥有的信息越多，所做的决策就越接近绝对最优。下面分别在基数效用和序数效用基础上，探讨视野限制下的消费者选择模型。

3.2.1　序数效用下的商品选择

基于序数效用理论，消费者在市场上选择商品时，并不需要计算效用的具体数值，只需要知晓商品的效用排名即可，若市场上针对某同类产品存在一组公认且客观的商品效用排名，则消费者的群体选择行为就可以依据此排名进行讨论。

本书从商家的角度来研究商品效用的序数问题。商家可以通过专家分析、对消费者发放问卷、市场调查等方式，并结合市场经验，获得商品效用的综合排序。如果此排序结果得到消费者和各个商家的普遍认同，则该效用排名是一种综合的、客观的、公认的且有权威的排名，可作为消费者商品选择的依据和标准。

基于此，本书假设商品效用排名客观存在且为公开信息，消费者将搜索得到的 N 个同类产品，按客观的效用排序进行编号，其中，1 号商品效用最大，2 号次之，依次类推，N 号商品效用最小。消费者的选择行为分析如下：如果消费者的视野没有受到限制，那么不管商品如何排序，1 号商品将成为所有消费者的选择目标。然而在线消费者视野中的商品序列存在很大差异，或者视野范围不同（如表 3 - 1 第一列所示）或者排序不同（如表 3 - 1 第三列所示）。因此，消费者依据效用排名选择的商品，在有些人眼中是好的选择，在另一些人眼中却是较差的，在线市场呈现出多元化的选择结果（见表 3 - 1）。

表 3 - 1 　　　　　　　　　视野形成与消费者选择

同一排序 不同视野范围	被选	不同排序 同一视野范围	被选	不同排序 不同视野范围	被选
⑥⑧ | ③④⑤①⑦②	⑥	③⑥④⑤ | ①⑧⑦②	③	③⑥④⑤①⑧ | ⑦②	①
⑥⑧③④ | ⑤①⑦②	③	③⑥②④ | ⑧①⑤⑦	②	③⑥ | ②④⑧①⑤⑦	③
⑥⑧③④⑤ | ①⑦②	③	⑥④⑧⑤ | ⑦①②③	④	⑥④⑧⑤ | ⑦①②③	④
⑥⑧③④⑤① | ⑦②	①	⑧⑥⑦⑤ | ②③①④	⑤	⑧⑥⑦ | ⑤②③①④	⑥

注：表中带圈数字表示按效用编号的商品，| 将商品列表进入视野和未进入视野分隔开来。

资料来源：笔者根据研究内容设计。

表 3 - 1 揭示了消费者视野差异下（不同商品序列和不同视野范围下）的不同选择结果。其中，表格第一列表示商品排序相同但视野范围不同导致选择结果不同，第三列表示视野范围相同但商品排序不同，选择结果也不相同，第五列是两种情况的结合，其更接近在线

环境消费者选择的真实情况。从表中可看出，不管是不同视野范围还是不同排序都会使选择结果千差万别，但不论何种情况，消费者的视野范围越大，得到的选择结果越优。在实际中消费者搜寻的商品越多，获得高效用商品的概率越大。综上，在视野范围和商品序列的双重影响下，消费者选择总是相对"最优"。

3.2.2　基数效用下的商品选择

基数效用论认为消费者心理满足感可以用基数表示，那么利用效用的基数性质，消费者就可以对不同商品的效用按数值直接比较大小，还可以对消费多个商品获得的效用加总求和（卡尔等，2011）。

由于消费者价值观、对待风险的态度等个体因素的不同，消费者对购买和消费同一商品的心理满足程度也是不同的。假设 v 为消费者对市场上某功能产品的初始效用估值，它服从 $[0, 1]$ 上的均匀分布，此假设表明不同消费者对同一商品的不同满足程度。消费者网上购物时，一般考虑产品价格和产品质量两个重要指标，可设 $\theta(0 < \theta \leqslant 1)$ 为产品的质量参数，$p(0 < p \leqslant 1)$ 为产品的价格，θv 表示消费者对商品的估值随质量差异而变化，那么消费者的效用函数可定义为（Tirole，1988）：

$$u = \begin{cases} \theta v - p & \text{购买质量为 } \theta \text{ 的产品} \\ 0 & \text{不购买任何产品} \end{cases}$$

若市场上有两个商家提供功能相同但质量不同的两款产品，θ_h 和 $\theta_l(0 < \theta_l < \theta_h \leqslant 1)$ 分别表示高质量产品和低质量产品的质量参数，他们的价格分别为 p_h 和 p_l，此时消费者购买高质量产品和低质量产品获得的效用分别为 $u_h = \theta_h v - p_h$，$u_l = \theta_l v - p_l$，$\theta^* = \dfrac{p_h - p_l}{\theta_h - \theta_l}$ 为消费者选择高质量产品和低质量产品无差异时的临界值（见图 3 - 4）。

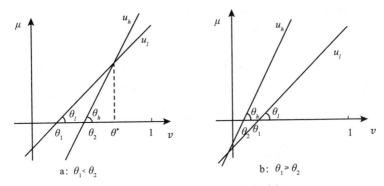

图 3 – 4　不同估值下的消费者选择

资料来源：笔者根据计算结果绘制。

记 $\dfrac{p_l}{\theta_l} = \theta_1$，$\dfrac{p_h}{\theta_h} = \theta_2$，当 $\theta_1 < \theta_2$ 时，估值为 $v \in [0, \theta_1]$ 的消费者，购买两个商品的效用都为负，因而该部分消费者不会购买任何商品；估值为 $v \in [\theta_1, \theta^*]$ 的消费者，选择低质量商品获得的效用高于选择高质量商品；而估值为 $v \in [\theta^*, 1]$ 的消费者将选择高质量商品。当 $\theta_1 \geqslant \theta_2$ 时，估值为 $v \in [\theta_2, 1]$ 的消费者都会选择高质量商品，其他消费者流失。以上就是基于基数效用理论构建的消费者选择模型。

3.3　在线商家位置决策

电商搜索广告是平台商家线上营销一种常用的商品推广方式，商家使用付费推广不仅可以将产品或服务直接推送到消费者面前，还会给商家带来以下 3 个优势：第一，消费者会觉得排在搜索结果前面的检索内容与自身的需求高度相关，使商家的定位更加准确；第二，排在靠前位置的商家容易获得消费者的关注和点击，同时会让消费者觉得其拥有较强实力，成功打造商家的领先形象；第三，排在靠前位置给商家带来大量潜在客户，消费者可能由于搜索成本的原因，在排名靠前的搜索结果中快速形成购买意愿，商家通过搜索广告业务提高其销售额（林佳瑜，2009）。

通常情况下，搜索结果列表最高广告位虽然拥有最高的点击，但并不是所有商家的最优选择，商家的广告预算、产品定位等都是制约商家广告位置选择的重要因素，商家还需要实时关注市场竞争的动态变化，根据自身实际情况对产品定位与位置策略进行积极调整。

3.3.1　在线商品位置属性及特征

商品位置属于商品陈列范畴，而对于在线市场独特的环境特征，在线商品陈列具有动态性、交互性和个性化特征。动态性是指商品位置随着消费者排序、商家竞争策略和平台排序规则的变化而时时变动，交互性指商品位置是由消费者、商家和平台在各自的利益驱使下共同决定的，个性化是指消费者视野的差异性导致了不同的消费者面对的商品序列不同。

研究在线商品陈列问题，对于平台来讲，就是讨论商品在列表中的排序问题，对于商家来讲就是探讨商品的位置决策问题。在线商品位置作为隶属于平台的一种特殊经济资源，就像飞机票、电影票一样有时效性、排他性和价值递减特征。如果商家对位置付费的预算发生变化、平台对位置竞价规则有所改变、其他商家对位置给出了更高的出价等，都会导致商家位置的变更，因而商家对某个位置的占有是有一定时效的；排他性特征显而易见，当某个商家抢占了某个商品位置，其他商家就不能拥有该位置资源了；位置越靠前，商品被选中的概率越大，这是消费者有序和有限搜索直接造成的结果，同时也使得在线商品位置的价值随着位置的下降而递减，位置越靠后，其价值越小。

3.3.2　在线商品位置的获取方式

3.3.2.1　客观排序

客观排序获取靠前位置，即产品的某些属性特征值靠近最值，如销量较高、价格较低等。对于一般的消费者来说，有一定规律或者遵循一定排序规则的商品序列能够减少搜索时间，提高购物效率。目前，在线平台常见的属性排序有：按销量、价格、商家信誉、人气等排序方式。通过观察消费者的浏览和查找习惯不难发现，不同的消费者会根据自身偏好或需求采用不同的排序方式和筛选条件（Alba et al.，1997），将搜索结果精炼和重排列后进行商品选择。如价格敏感型消费者优先按价格排序，风险厌恶型消费者（认为销量在一定程度上反映了产品质量好坏）优先按销量排序等。

事实上，按照单一属性排序往往无法满足消费者多方面的需求，更多的消费者希望在搜索商品的时候可以把商品的价格、商品的销量、商家的信誉、商品的人气等因素综合起来排序筛选。由此，某个商品在不同筛选和排序下所处的位置不同，商家要想获得有利位置，需对自家商品的市场定位有清晰的认识和把握，针对不同的目标群体调整其属性特征，但总体上，按照属性排序获得有利位置的可操作性较弱，并且不能满足商家的位置需求。

3.3.2.2　平台定价下的位置前移服务

自然排序下，若商家对商品当前位置不满意，可使用位置前移服务。平台对位置具有绝对控制权，平台可以根据商家的信誉和消费者评价决定是否提供位置前移服务；根据不同商家的具体情况和移动位置的多少制定不同的位置前移收费标准。由此商家通过衡量获得此位置所付出的成本和获得的点击收益后作出最优的位置选择，不同的商家获得相同的位置所支付的费用有所不同。

3.3.2.3　商家之间的竞价排名

商家之间的竞价排名，指平台将在线商品位置作为资源进行拍卖，商家根据拍卖规则出价而得到的相应的位置排名。在线商家对靠前广告位的竞争非常激烈，针对某个商品位置多个商家竞争，平台采用统一收费标准显然无法实施分配，但对每个商家都拟定不同价格也是不现实的，因而，可采用竞价排名的方式来分配商品位置资源，即多个商家对位置进行出价，按照出价高低决定其商品位置（排序）。在本书中，商家对位置的出价原则为：商家在首位获得的利润减去出价与非首位的利润无差异时确定均衡出价，根据均衡出价的高低确定商品位置。

以上三种方式中，第一种是商品的质量、价格等某些特征客观决定的，后两种方式借鉴搜索引擎中的固定排名和竞价排名，是商家通过付费方式主动争取的，三种获取方式的使用条件和范围也有所不同。若商品的某些客观属性具有相对优势，当消费者按属性排序搜索时，商家不必付出成本就可以得到有效的商品位置。虽然这种方式简单有效，但操作性较差，因为商品的定价受到各类成本的限制并不能随意制定，销量更是商家无法控制的变量。

相比而言，付费排名对商家来说更具操作性，在平台提供的不同付费标准和规则下，商家可根据自身情况决定其位置决策，当然在消费者选用属性排序时不适宜使用。在消费者搜索实践中可以发现，按照属性排序常常不能有效匹配消费者的搜索需求，如消费者搜索"手机"，一旦使用价格排序就会出现"手机膜""手机耳机"等商品。在此情况下，消费者对平台给出的搜索结果直接浏览，或者按照综合排序、人气排序的行为更为普遍。因此，不考虑属性特征的限制，商家付费搜索下的位置决策更有意义。

3.3.3 不同背景下的付费搜索比较

付费搜索是由搜索引擎企业率先推出的一种盈利模式，其经营目标是在广告商和用户的商业需求之间牵线搭桥，并从服务中盈利，力求整个搜索引擎的推广效果最优。从长远看，搜索引擎与广告商的利益一致，只有广告商不断取得推广效益，付费搜索才能持续盈利。同时付费搜索也要保护用户体验，以技术手段确保展现的广告与用户搜索具有较高的相关性。从这个方面看，搜索引擎与用户的利益也是一致的，只有用户体验得到充分保护，付费搜索才能得到可持续发展（刘奕群，2010）。

将搜索引擎引入在线平台是十分自然的事。一方面，搜索引擎的搜索功能和排序算法能够帮助消费者快速定位所需商品（姜晖等，2009），提高购物效率，如果没有强大的搜索分类工具，在线市场便是大量商品和资源信息的堆砌，在线消费者查找和选择将出现困难，购物体验更无从谈起。另一方面，按照相关性算法得到的商品排序并不能满足在线商家对靠前位置的迫切需求，搜索引擎的付费搜索不仅为在线商家提供了机会，而且也为平台创造了新的商机。

然而，平台的位置付费与搜索引擎的付费搜索也有一些不同。

对于固定排名，商务平台依据不同的商家和不同的移位数量以确定不同的收费标准。商家通过衡量获得位置所付出的成本和收益后作出最优的位置选择，付出相同的费用得到的位置可能不同。在搜索引擎使用中，广告商需提前设定关键词，当该关键词被提取时，广告信息被放置到广告商和搜索引擎事先协商的位置上且支付固定费用。

对于竞价排名，入驻商务平台的多个商家对位置进行出价，按照出价高低决定其商品位置。而搜索引擎的广告商是对关键词进行出价，出价最高的获得商品列表的第一位，依次类推，当用户点击某条广告信息时，广告商才对该位置支付点击费用（见表3-2）。

表 3 – 2　　　　　　　　不同背景下的付费搜索比较

	固定排名	竞价排名
平台	根据不同的商家和不同的移位数量确定不同的收费标准，商家通过衡量获得位置所付出的成本和收益后作出最优的位置选择，付出相同的费用得到的位置可能不同	多个商家对位置进行出价，按照出价高低决定其商品位置。出价原则为：商家在首位获得的利润减去出价与非首位的利润无差异时确定其均衡价格
搜索引擎	广告商首先设定好关键词，当该关键词被提取时，广告信息放置到广告商和搜索引擎事先协商的位置上且支付固定费用	广告商对设定好的关键词进行出价，搜索引擎依据出价对广告商进行排名，出价最高的获得商品列表的第一位，依次类推，当用户点击某条广告信息时，广告商才对该位置支付点击费用

资料来源：笔者根据研究内容绘制。

3.4　本章小结

　　本章为整本书的理论基础和建模基础，在整本书中起到承上启下的作用，是对相关文献梳理后构建选择行为模型的理论基础，又是下文构建商家决策模型的理论来源和依据。

　　在线消费者通过在线销售平台进行商品搜索、比较和购买，其搜索行为具有以下三个特征：有限性、有序性和策略性，这三大特征为在线消费者选择行为建模提供了假设基础——消费者视野的异质性。

　　在线消费者的购买选择行为是消费者基于效用理论，在各自视野范围内选择效用最大的商品。本章第二节分别在序数效用和基数效用下分析消费者选择行为过程，构建在线消费者选择行为模型。在序数效用论的使用中，消费者充分了解商品效用的客观排序而作出理性选择。而在基数效用论的使用中，消费者对所选商品（或商品组合）的效用大小充分了解，并以此作出理性选择的依据。对于单个消费者来说，效用大小与效用排名在其理性选择时结果是一致的，二者在消费者选择行为研究中本质是相同的。

在线商品位置作为隶属于在线平台的一种特殊经济资源，它具有时效性、排他性和价值递减性特征。平台商品列表中的位置对商家的市场运营及相关决策制定至关重要。本章第三节提出商家主要通过三种方式获得商品列表的靠前位置—客观排序、平台位置前移服务和商家竞价排名，其中后两种方式是商家通过付费搜索广告方式主动获得，此时原有商品陈列的方法不再适用，搜索引擎的付费搜索与商家位置决策虽有些不同，但其位置的获取方式却可以借鉴到商家的位置决策中。当商家采用位置前移服务，位置移动的收费标准由平台外生给定时，商家需同时考虑点击率和转化率，根据获得该点击付出的广告成本和转化为实际购买获得的收益变化确定自身的位置策略；当多个商家对靠前位置进行争夺，商家在首位获得的利润减去出价与非首位的利润无差异时确定均衡出价，根据均衡出价的高低确定商品位置。

综合考虑在线消费者的搜索行为和在线商家的实际竞争力，选择有效的商品位置成为在线商家应该考虑的重要问题之一，也是本书的重点内容。当商家使用搜索广告工具主动争取商品位置时，无论是位置前移还是位置竞价，商家都要需要衡量获得位置的成本和收益后才能作出最佳位置决策。

▶ 第 4 章 ◀

搜索广告下的选择行为建模

消费者在网络购物前往往会进行各种产品搜索与筛选，得到不同的商品反馈序列，由于偏好、时间成本等因素的限制，消费者只会选看某些排列（位置）靠前的商品，这些商品便形成了消费者的视野。在线商品位置影响该商品能否进入消费者视野，进而影响消费者选择、商品销售乃至整个市场运营。基于序数效用理论，消费者按照效用排名进行理性选择，本章通过分析消费者视野差异下，商品位置对选择行为的影响，建立视野、商品位置与商品被选中概率之间的量化模型，同时探讨在线商家采取不同的位置策略后消费者选择行为的改变。

4.1 引　　言

在线市场提供数量庞大，种类繁多的商品和服务，商品（服务）在平台列表中的位置决定了其能否被消费者"看到"，进而影响消费者的选择。商品位置属于商品陈列范畴，在零售环境下，商品陈列是影响消费者购买行为的重要因素之一（Alexander，2012；Bezawada et al.，2013；Fisher & Vaidyanathan，2014），商家可根据消费者和产品的特征选择合适的商品陈列方式（Kahn et al.，2014），而在线平台

的商品以图片形式从左至右自上而下形成商品序列，这样的陈列方式
和在线消费者有限搜索更凸显了商品位置的重要性。

目前，在线平台提供多种排序方式，最主要的有：按照客观属性
排序；根据消费者搜索行为、购买记录、所在关系网络等建立的个性
化推荐系统；位置付费搜索。无论哪种排序方式，消费者总是浏览一
定数量的商品选项后作出购买决策，这有限数量的商品选项便形成了
消费者的视野。一方面，消费者采用不同的筛选条件和排序方式，使
得消费者视野中的商品序列不同；另一方面，由于消费者精力、时间
限制及忍耐力的差异，消费者视野中商品的个数不同，因此消费者的
视野是有差异的。

本章考虑消费者视野差异与商品位置对消费者选择的影响，主要
围绕以下问题展开，一是研究不同视野范围下商品被选中的概率，二
是商品位置与商品被选中概率之间的数量关系，三是确定商家的最优
位置策略。为分析以上问题，本章建立视野、商品位置与商品被选中
概率之间的量化模型，分析商品被选中概率随视野、位置的变化规
律。从商家角度分析改变商品位置带来的收益与支出变化，给出商家
最优位置存在的条件，并对影响最优位置决策的各因素进行分析，为
商家进行位置决策提供帮助。

4.2　建模基础与假设

4.2.1　商品序数效用排名

在线消费者的选择购买行为实质上是获得商品信息、比较商品效
用的过程。帕累托认为，效用的绝对值是无法测量的，人们在商品比
较选择时并不需要对效用进行测量，只需要比较不同商品带来的心理
满足程度，即根据效用的相对大小进行商品选择。因此，可以用

"偏好尺度"来分析消费者的选择行为，这就是所谓的"序数效用"（熊彼特，1994）。

序数效用论使用表示偏好的序数来衡量消费者对产品的心理满足程度，即如果给出一列商品，使用序数效用的消费者只是对此列商品进行了一个效用排序，而并不关心商品之间的效用差别。基于序数效用研究消费群体的选择行为，最大的问题便是各个消费者效用排序不一致。有些消费者对 A 的偏好大于对 B 的偏好，而有些消费者则相反。

政治经济学领域从投票角度研究人的偏好问题，如 18 世纪法国政治家马奎斯康多塞提出的康多塞悖论，即两两投票在某些情况下可能违背偏好的传递性，投票的顺序会影响选择结果。经济学家肯尼斯阿罗在 1951 年的著作《社会选择和个人价值》中发现，不存在一种完美的投票制度，让选民对可能的结果排序满足确定性、传递性、独立性和没有独裁者四个特征，此结论称为阿罗不可能性定理。尽管如此，中值选民定理提出，如果要求选民沿着一条线选一个点，而且每个选民都选择距自身偏好最近的点，那么根据多数规则选出的结果恰恰为中值选民最偏好的点。中值选民的偏好结果优势明显胜出，最终决定了投票结果（曼昆等，2009）。同理，将中值选民定理应用于商品经济领域，可以确定一种合理的消费者偏好排序，在此基础上消费者可对商品的效用进行比较，选出效用最大的商品。

4.2.2　消费者视野的形成

在线平台提供的自然排序、属性排序、个性化推荐及付费搜索，使得消费者面对的商品序列千差万别，对于 N 个效用不同的产品，就会产生 $N!$ 个不同的产品序列。消费者的搜索范围是消费者感知搜寻收益和成本后确定的商品搜寻量。消费者对价格、质量和样式的感知不同，获得的收益也存在差异。消费者每一次搜索、排序、筛选和比较，都需要消耗一定的体力和精力，消费者体力和忍耐力的差异必然造成其感知成本的差异。由此，搜索成本的不同便造成了消费者视野大小的不同。

若记每个消费者的视野范围，那么他们面对的商品集所有可能的情况有 $i!$ 种，如果有 N 个效用不同的产品，根据消费者视野的异质性，消费者视野为 $i(i=1, 2, \cdots, N)$ 的所有情况并不是等可能的，如有少部分消费者浏览商品选项第一页便失去耐心，大部分消费者会进行第 5 至 10 页的浏览比较，又有少部分消费者享受比较选择的乐趣，搜寻 20 页及以上才会做出选择。由此，可将消费者视野范围视为服从一定分布的函数。

综上，消费者面对的商品序列和搜索范围的差异，使得消费者只能在异质的商品备选集中选择最优。正是由于视野的异质性，同一商品在不同消费者眼中可能出现在列表的不同位置，或者根本未进入消费者视野，消费者的选择与视野息息相关。

4.2.3 消费者选择模拟过程

消费者的选择首先从视野的形成开始，设 N 个同类产品按效用大小进行编号排名。其中，1 号商品效用最大，2 号次之，依次类推，N 号商品效用最小。如果消费者的视野没有受到限制，那么 1 号商品将成为所有消费者的选择目标。然而由于在线消费者视野的异质性（商品数量差异和商品序列差异），消费者的选择总是千差万别，表 4-1 给出了不同视野下消费者的选择举例。

表 4-1　　　　　　　　　　消费者视野与选择

分类	商品序列	被选
自然排序无视野限制	③⑥④⑤①⑧⑦②	①
自然排序有视野限制	③⑥④⑤｜①⑧⑦②	③

分类	商品序列	被选
重新排序无视野限制	⑥④⑧⑤⑦①②③	①
重新排序有视野限制	⑥④⑧⑤ ｜ ⑦①②③	④

注：表中带圈数字表示按效用编号的商品，｜将商品列表进入视野和未进入视野分隔开来。后三行主要针对第二行商品序列的变化和比较。
资料来源：笔者根据研究内容设计。

　　表4－1揭示了消费者在不同的排序和视野范围下的选择结果。从表中可看出，无论商品如何排序，若无视野限制，1号商品一定会被选中。正是由于视野大小和排序的双重影响，消费者的选择才会千差万别，消费者选择的总体原则是在各自的视野范围内选出"最优"产品。

4.3　模　型　建　立

4.3.1　实际问题模型化

　　以搜索用餐场所为例，消费者在提出商品需求后，平台为其推荐了 N 个效用不同的餐馆，记为 $D = \{d_1, d_2, \cdots, d_N\}$。假设这些餐馆存在一个客观的效用排名，是所有商家和消费者的共同认知。消费者直接浏览或使用筛选、排序工具形成各自的商品备选集合，并在此集合中选择效用最大的商家。如果视野没有受到限制，消费者无论看到何种排序的商品序列，效用最大的商家都会选中。对任意一个消费者 m，他的视野为 $i_m(i_m \in \{1, 2, \cdots, N\})$，他在平台提供的 $N = 10$ 个用餐地点中选择，此时为了直观，设客观效用排序集合为①，

---

① 此集合为有序集合，下同。

$\{效用排序\} = \{d_1, d_2, d_3, d_4, d_5, d_6, d_7, d_8, d_9, d_{10}\}$

消费者若按属性排序，平台将给出以下商品序列：

$D_1 = \{按价格排序\}$

$= \{d_6, d_9, d_4, d_2, d_3, d_{10}, d_1, d_5, d_7, d_8\}$

$D_2 = \{按距离排序\}$

$= \{d_9, d_6, d_1, d_3, d_4, d_{10}, d_8, d_2, d_5, d_7\}$

$D_3 = \{按人气排序\}$

$= \{d_2, d_4, d_1, d_3, d_5, d_7, d_6, d_8, d_{10}, d_9\}$

从此商品序列中可以发现，价格最低且距离较近的餐馆 d_6 人气较差，而人气最高的 d_2 餐馆距离又较远。面对这样的商品序列，消费者 m 选用价格排序，则他面对的备选集合为有序集合 D_1，由于视野的影响，此消费者实际面对的选项集为 $D_{1,i_m} \subseteq D_1$ 共有 i_m 个选项，若 $i_m = 3$，即消费者只浏览了 3 个选项，那么根据效用最大化原则 d_4 餐厅会被选中；若 $i_m = 5$，则 d_2 会被选中，再多浏览 2 个选项，则效用最大的 d_1 将被选中。同理，选择其他的排序方式，消费者也遵循相同的选择机制。因此，由于排序和视野的差异，不同的消费者将有不同的选择结果。同时消费者的视野范围越大，得到的商品效用越大。

4.3.2 基于视野的选择模型

（1）k 号商品：效用排名为第 k 位的商品；

（2）视野范围 i：从商品列表第一个起进入消费者视野的商品个数；

（3）位置标签 j：平台按某种排序规则形成商品序列，位于商品序列的第 j 位。

考虑从 N 个商品中抽取 $i(1 \leqslant i \leqslant N)$ 个商品形成消费者视野，此时可能的视野情况有 $C_N^i i!$ 个。若 k 号商品被选中，则说明 k 号商品在视野 i 内，视野内余下的 $i-1$ 个商品只能在 $k+1$ 号到 N 号这 $N-k$

个商品中，因此，当视野范围为 i 时，k 号商品被选中的概率为

$$p_i(k) = \frac{C_{N-k}^{i-1}i!}{C_N^i i!} = \frac{i(N-k)!(N-i)!}{N!(N-k-i+1)!} \tag{4-1}$$

通过讨论 $p_i(k)$ 的变化规律有以下结论成立。

结论4.1：

（1）1号商品被选中概率随视野增大而单调递增；特别地，当消费者视野不受限时，1号商品一定会被选中。

（2）存在某个效用排名 $k^{*①}$，效用排名在此之前的商品（1号商品除外），被选中概率随视野的增大先增大后减小，在此排名之后的商品被选中概率随视野增大单调递减。

结论4.2：

（1）当视野为1时，所有商品被选概率都为 $p_i(k) = \dfrac{1}{N}$；

（2）当视野大于1时，商品被选中概率随商品效用排名 k 的增大而减小。

-----------------------➤

证明过程：

为了讨论 $p_i(k)$ 的变化规律，将（4-1）式中的离散函数扩展至正实数集

结论4.1证明：对变量 i 求导，

$$\frac{\partial p_i(k)}{\partial i} = \frac{\Gamma(N-k+1)\Gamma(N-i+1)}{\Gamma(N+1)\Gamma(N-k-i+2)}(1 - i(\Psi(N-i+1)$$
$$- \Psi(N-k-i+2)))$$

当 $k=1$ 时，$1 - i(\Psi(N-i+1) - \Psi(N-i-k+2))$ 恒等于1

对任意的 $i \geqslant 1$，存在 k^* 使得 $1 - i(\Psi(N-i+1) - \Psi(N-i-k+2)) = 0$，记此时对应的为 i^*，则当 $k > k^*$ 时 $\dfrac{\partial p_i(k)}{\partial i} < 0$。

---

① k^* 满足条件 $1 - i(\Psi(N-i+1) - \Psi(N-i-k+2)) = 0$。

当 $1 < k < k^*$ 时，(a) $i < i^*$，$\dfrac{\partial p_i(k)}{\partial i} > 0$；(b) $i > i^*$，$\dfrac{\partial p_i(k)}{\partial i} < 0$

结论 4.2 证明：对变量 k 求导

$$\frac{\partial p_i(k)}{\partial k} = \frac{i\Gamma(N-k+1)\Gamma(N-i+1)}{\Gamma(N+1)\Gamma(N-k-i+2)}(\Psi(N-i-k+2)$$
$$-\Psi(N-k+1))$$

当 $i = 1$ 时，$\dfrac{\partial p_i(k)}{\partial k} = 0$；当 $i > 1$ 时，$\dfrac{\partial p_i(k)}{\partial k} < 0$，证毕。

以 $N = 20$ 为例，以上 3D 图表示商品被选中概率随效用排名和视野的整体变化而变化，从图中看出，在相同视野范围内，效用排名靠前的商品一定比效用差的更有机会被选中。为了更加细致地比较不同效用的商品，随着视野变化的被选概率，将 3D 图中一些典型的变化趋势抽取出来，绘制成平面图进行比较和分析，见图 4 - 1（a ~ c），1 号商品被选中概率随视野增大而单调递增，当 $i = 20$ 时，1 号商品肯定被选中；11 号以后的商品被选中概率随视野增大而单调递减；2 ~ 10 号商品被选中概率随着视野范围变大先增加后减小，且不同效用的商品被选中概率最大时，对应的视野范围不同。如 2 号商品在视野为 10 时被选中概率最大，在此之后视野越大被选中概率逐渐变小；同理，4 号商品在视野为 5 时被选中概率最大，这里将商品被选中概率最大时所对应的视野范围称为最优视野，那么 8 号商品的最优视野为 2。特别地，1 号商品最优视野为 20，11 号以后的商品最优视野都为 1。

k 号的最优视野表明在此视野下，排名在 k 之前的商品出现的概率最小。另外，效用排名越大最优视野越小，因此，效用排名靠前的商家，希望消费者多看些商品，因为即使该商品位置靠后也会被选中，而效用排名靠后的商家，只希望消费者看到比自己差的商品。

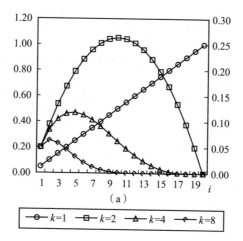

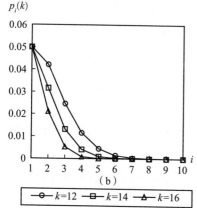

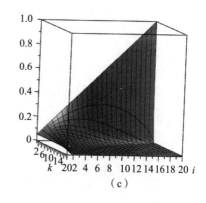

图 4 - 1　不同视野商品被选中概率

资料来源：笔者根据计算结果绘制。

　　在以上模型中，每个视野范围 i 的出现视为等可能的，但事实也许并非如此。如有少部分消费者浏览商品选项第一页便失去耐心，大部分消费者会进行 5 至 10 页的浏览比较，又有少部分消费者享受比较选择的乐趣，搜寻 20 页及以上才会做出选择。由此，可设消费者视野范围 i 服从一定的分布，分布函数记为 $F(i)$，对应的密度函数为 $f(i)$，那么 k 号商品被选中的概率是对不同视野范围内被选概率的加权和，因此有：

$$p(k) = \sum_{i=1}^{N} f(i)p_i(k) = \sum_{i=1}^{N} f(i)\frac{i(N-k)!(N-i)!}{N!(N-k-i+1)!} \qquad (4-2)$$

此时，视野分布、视野的大小和商品效用共同决定了消费者的选择。特别地，若 i 服从 $[1, N]$ 上的均匀分布，即 $f(i) = \dfrac{1}{N}$，则

$$p(k) = \frac{N+1}{Nk(k+1)} \sim \frac{1}{k(k+1)}。①$$

4.3.3 基于位置的选择模型

如果将 k 号商品放置在列表第 j 位，商品被选中概率如何计算呢？实质上，若位置 j 不在视野范围 i 内，则 k 号商品必然不会被选中，若位置 j 在视野范围 i 内，那么商品才有被选中的可能，即：

$$p_i^j(k) = \begin{cases} 0 & i < j \\ \dfrac{C_{N-k}^{i-1}(i-1)!}{C_N^{i-1}(i-1)!} = \dfrac{(N-k)!(N-i+1)!}{N!(N-k-i+1)!} & i \geq j \end{cases} \qquad (4-3)$$

商品在某一位置被选中概率是对不同视野范围下的概率加权，因此有

$$p^j(k) = \sum_{i=j}^{N-k+1} f(i)p_i^j(k) = \sum_{i=j}^{N-k+1} f(i)\frac{(N-k)!(N-i+1)!}{N!(N-k-i+1)!}$$

$$(4-4)$$

此时，除了视野及商品效用的影响，商品位置就显得十分重要了。特别地，当视野 i 服从均匀分布时，有：

$$p^j(k) = \frac{(N-k)!}{N!N} \sum_{i=j}^{N-k+1} \frac{(N-i+1)!}{(N-k-i+1)!}$$

$$= \frac{(N-k)!}{N!N} \frac{(N-j+2)!}{(k+1)(N-k-j+1)!} \sim \frac{1}{k+1} \qquad (4-5)$$

探讨 $(4-4)$ 式中 $p^j(k)$ 的变化规律，结论如下。

---

① 当商品数量足够大，每个视野等可能出现时，商品被选中概率只与其效用有关。

结论4.3：同一效用的商品被选中概率随位置下降单调递减。

结论4.4：同一位置的商品被选中概率随效用排名增大单调递减。

- - - - - - - - - - - - - - - - - - - ->

证明过程：

结论4.3证明：对（4-4）式关于 j 求导

$$\frac{\partial p^j(k)}{\partial j} = -f(j)\frac{\Gamma(N-k+1)}{\Gamma(N+1)}\frac{\Gamma(N-j+2)}{\Gamma(N-k-j+2)} < 0$$

结论4.4证明：式对（4-4）关于 k 求导

$$\frac{\partial p^j(k)}{\partial k} = \frac{\Gamma(N-k+1)}{\Gamma(N+1)}(\int_j^{N-k+1} f(i)\frac{\Gamma(N-i+2)}{\Gamma(N-k-i+2)}$$

$$(\Psi(N-k-i+2) - \Psi(N-k+1))di$$

$$-f(N-k+1)\Gamma(k+1)) < 0$$

<- -

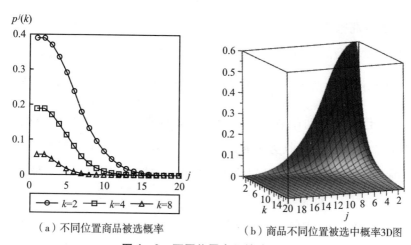

（a）不同位置商品被选概率　　（b）商品不同位置被选中概率3D图

图4-2　不同位置商品被选概率

资料来源：笔者根据计算结果绘制。

以 $N=20$，消费者的视野服从三角形分布（最小值为1，最大值为20，众数为6）为例（见图4-2），3D图直观地表示出商品被选中的概率随效用排名和位置的变化而规律变化。2号、4号和8号商品在不同位置被选中的概率如图 4-2（a）所示。对于同一效用的商品，位置越靠前，商品被选中概率越大。商品效用和商品位置直接决定了该商品能否被消费者选择。对于某个商家来说，提供的商品效用一定，为了提高被选中概率，将商品位置前移是一个非常直接且有效的手段。

4.4　模型应用

从以上分析可知，商品位置前移可提高被选中概率，那么是否每个商家都应追逐最高位？如何确定商家的最优位置？

4.4.1　问题描述与模型建立

假设商家提供的 k 号商品初始位置为 j，为了提高被选中概率，商家有意将商品从位置 j 前移 x 位，向平台付费 $g(c, x)$，其中 $c(c>0)$ 为移动成本系数，$\frac{\partial g}{\partial x}>0$，$\frac{\partial^2 g}{\partial x^2}>0$ 表示移动的费用与移动位数正相关，且向前移动位数越多，费用增加越快（位置越靠前，竞争越激烈）。商家的边际收益为 $m(k)$ 且 $m'(k)>0$，表示质量差的商家获得了更多的边际收益（胡建兵，2008）。此时商家追求利益最大化

$$\max_x m(k)(p^{j_1-x}(k)-p^{j_1}(k))-g(c, x) \qquad (4-6)$$

将（4-4）式代入（4-6），得

$$\max_x \frac{m(k)(N-k)!}{N!}\sum_{i=j-x}^{j-1}f(i)\frac{(N-i+1)!}{(N-k-i+1)!}-g(c, x)$$

$$(4-7)$$

4.4.2　模型求解与实例分析

为了得到最优解，首先将（4-7）式中的变量和参数从正整数

集扩展至正实数集，之后通过比较，在最优解附近找到正整数解。因此，模型转化为：

$$\max_x \pi(x) = \max_x \frac{m(k)\Gamma(N-k+1)}{\Gamma(N+1)}$$

$$\int_{j-x}^{j-1} f(i)\frac{\Gamma(N-i+2)}{\Gamma(N-k-i+2)}di - g(c,x) \qquad (4-8)$$

命题 4.1：若条件（1）和（2）同时成立，则问题（4 − 8）存在最优解 $x^* = x^*(k,j,c)$。

（1）　$M(k)\frac{\Gamma(B+x)}{\Gamma(B+x-k)} = \frac{\partial g/\partial x}{f(j-x)}$

（2）　$\left[\Psi(B+x) - \Psi(B+x-k) - \frac{df(j-x)}{d(j-x)}/f(j-x)\right]\frac{\partial g}{\partial x} - \frac{\partial^2 g}{\partial x^2} < 0$

其中，$M(k) = m(k)\frac{\Gamma(N-k+1)}{\Gamma(N+1)}$，$B = N-j+2$，$\Gamma(x+1) = x!$，

$\Psi(x) = \frac{d\Gamma(x)}{dx}/\Gamma(x) = 1 + \frac{1}{2} + \frac{1}{3} + \cdots + \frac{1}{x} - r$。

- - - - - - - - - - - - - - - - - - - →

证明过程：

对于连续可导的函数 $\pi(x)$，最优解存在的充要条件为 $\frac{\partial \pi}{\partial x} = 0$，

$\frac{\partial^2 \pi}{\partial x^2} < 0$，即

一阶条件

$$M(k)\frac{\Gamma(B+x)}{\Gamma(B+x-k)}f(j-x) - \frac{\partial g}{\partial x} = 0 \Rightarrow M(k)\frac{\Gamma(B+x)}{\Gamma(B+x-k)} = \frac{\partial g/\partial x}{f(j-x)}$$

$$(4-9)$$

二阶条件

$$T(x,k,j) = M(k)\frac{\Gamma(B+x)}{\Gamma(B+x-k)}\Big(f(j-x)(\Psi(B+x)$$

$$-\Psi(B+x-k)) - \frac{df(j-x)}{d(j-x)}\Big) - \frac{\partial^2 g}{\partial x^2} < 0 \qquad (4-10)$$

将一阶条件代入，以上式子化简为

$$\left[\Psi(B+x)-\Psi(B+x-k)-\frac{df(j-x)}{d(j-x)}\Big/f(j-x)\right]\frac{\partial g}{\partial x}-\frac{\partial^2 g}{\partial x^2}<0$$

$$(4-11)$$

其中 $M(k)=m(k)\dfrac{\Gamma(N-k+1)}{\Gamma(N+1)}$，$B=N-j+2$，$\Gamma(x+1)=x!$

$$\Psi(x)=\frac{d\Gamma(x)}{dx}\Big/\Gamma(x)=1+\frac{1}{2}+\frac{1}{3}+\cdots+\frac{1}{x}-r$$

同时满足（4-9）式和（4-11）式，则优化问题（4-8）式存在最优解 $x^*=x^*(k,j,c)$。

考虑商家利润为非负的，使用隐函数定理，对 $x^*=x^*(k,j,c)$ 中参数进行比较静态分析，有如下性质：

性质 4.1　（1）$\partial x^*/\partial c<0$；（2）$\partial x^*/\partial j>0$；

（3）当 $\dfrac{m'(k)}{m(k)}>\Psi(N-k+1)-\Psi(B+x^*-k)$ 时，$\partial x^*/\partial k>0$，

当 $\dfrac{m'(k)}{m(k)}<\Psi(N-k+1)-\Psi(B+x^*-k)$ 时，$\partial x^*/\partial k<0$。

证明过程：

（1）：由于 $x^*=x^*(k,j,c)$ 满足一阶条件，将其代入（4-9）式两边同时对 k 求导，有

$$\frac{\partial x^*}{\partial k}T(x^*,k,j,c)+\frac{\partial g}{\partial x}\left(\frac{m'(k)}{m(k)}-(\Psi(N-k+1)\right.$$

$$\left.-\Psi(B+x^*-k))\right)=0 \qquad (4-12)$$

由（4-10）式和 $\dfrac{m'(k)}{m(k)}>\Psi(N-k+1)-\Psi(B+x^*-k)$，有

$\partial x^*/\partial k>0$

$$\frac{m'(k)}{m(k)}<\Psi(N-k+1)-\Psi(B+x^*-k)，有\ \partial x^*/\partial k<0$$

（2）：（4-9）式两边对 c 求导有：

$$\frac{\partial x^*}{\partial c} T(x^*,\ k,\ j,\ c) - \frac{\partial^2 g}{\partial x^* \partial c} = 0 \ 由 （4-10） 式可推得 \ \partial x^*/\partial c < 0$$

（3）：（4-9）式两边对 j 求导有：

$$\frac{\partial x^*}{\partial j} T(x^*,\ k,\ j,\ c) - M(k)\frac{\Gamma(B+x^*)}{\Gamma(B+x^*-k)}\left(f(j-x^*)(\Psi(B+x^*) \right.$$

$$\left. - \Psi(B+x^*-k)) - \frac{df(j-x^*)}{d(j-x^*)} \right) = 0$$

$$\frac{\partial x^*}{\partial j} T(x^*,\ k,\ j,\ c) - \frac{\partial g}{\partial x}\left(\Psi(B+x^*) - \Psi(B+x^*-k) \right.$$

$$\left. - \frac{df(j-x^*)}{d(j-x^*)}/f(j-x^*) \right) = 0$$

在商家收益非负且满足条件（2）的情况下 $\frac{f'(j-x^*)}{f(j-x^*)} \leqslant \Psi(B+$ $x^*) - \Psi(B+x^*-k)$ 不成立，因此，$\frac{f'(j-x^*)}{f(j-x^*)} > \Psi(B+x^*) - \Psi(B+ x^*-k)$，由（4-10）式可推得，$\partial x^*/\partial j > 0$。

　　移位成本系数 c 由平台给定，性质 1 揭示了最优移动位数随 c 增大而减小。显而易见，当其他参数不变时，移动商品位置获得的收益增量不变，而成本随移动成本系数的增大而提高，因而商家位置前移的动机慢慢减弱。特别地，当移动成本系数减小为 0 时，商家移位将不收取任何费用，所有商家都将选择移动至首位，此时便激发了单一资源的竞争，竞价排名机制为此资源竞争问题提供了进一步的解决方案。

　　性质 4.2 说明某商品的初始位置越靠后，最优移动位数越多。当移动成本系数固定时，商品移动位置带来的收益增加大于移位成本的增加，商家必然有继续前移的动机，直到移动位置获得的收益不能弥补成本损失才停止。

性质4.3表明存在临界点 k^{**}[①]，对于效用排名小于 k^{**} 的商品，效用排名越大，最优移动位数越大（即效用低的商品移动位数多）；效用排名在 k^{**} 之后的商品，效用排名越大，最优移动位数越少（即效用低的商品移动位数少）。在移动成本系数固定，初始位置相同的情况下，效用排名靠前的商家移动位置带来的收益增长远高于移动成本损失，因而他们对改变位置持积极态度。相反地，在一定效用排名之后，商家移动位置带来的收益增长低于移动成本的增加，那么排名靠后的商家移动的位数反而减小。

算例如下：假设消费者的视野服从最小值为1，最大值为20，众数为6的三角形分布。设 $N=20$，$g(c,x)=cx^2(c>0)$，商家的边际收益 $m(k)=k$。

以2号商品初始位于第10位为例（见图4-3），若 $c=0.005$，则商家选择移动8位至第2位为最优，若 $c=0.012$，则商家选择移至第4位为最优，而这两种成本下，移动到第一位的收益反而减少。

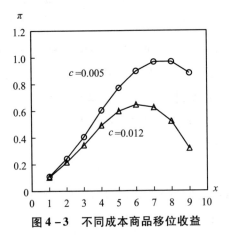

图4-3 不同成本商品移位收益

资料来源：笔者根据计算结果绘制。

---

① 满足等式 $\frac{m'(k)}{m(k)} = \Psi(N-k+1) - \Psi(B+x^*-k)$。

同样以2号商品为例,当$c = 0.003$时,从15位移动11位收益最大,而从第10位移动7位获得收益最大(见图4-4)。

以2号和4号商品初始位于第10位为例,若$c = 0.006$,则2号商家选择移动6位,4号商家选择移动7位,说明在相同的初始位置,效用排名越大,移动的位数越多(见图4-5)。

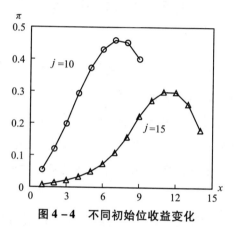

图4-4 不同初始位收益变化

资料来源:笔者根据计算结果绘制。

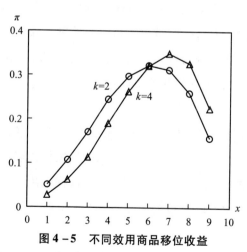

图4-5 不同效用商品移位收益

资料来源:笔者根据计算结果绘制。

综上，在线零售市场除了商品本身，平台搜索结果列表的商品位也可作为经济资源进行交易，当商品位收取一定费用时，追求最高位并不是所有商家的最优策略，商家的最优位置决策由其初始位置，位置成本及商品效用共同决定。

4.5　模　型　扩　展

如果所有的商家不使用付费排名的位置策略，平台将消费者的搜索结果随机排列，那么所有商家都有平等的机会拥有商品列表的任何位置，此排序规则对每个商家来说都是公平的。位置策略的使用改变了消费者的选择和所有参与竞争的商品的被选概率使得位置的价值更加显著。因此，本章从商家使用位置策略出发，主要研究以下两个现实问题。

问题1：有的商家认为效用高的商家使用位置策略固定在自己的商品之前，对自身是没有好处的，因此，努力将自家的商品固定在效用高的商品之前。相反地，如果效用高的商家位于自家商品之后，则会觉得很庆幸，认为这样的结果对自己是非常有益的，那么事实真的如此吗？还有的商家认为效用低的商家固定在自家商品之前或之后对自己没有影响，所以对效用低的商家根本不予关注，这样的想法对吗？

问题2：消费者进行有序搜索，商家总希望自家商品之前没有出现效用更好的商品，因而联合效用较弱的商家使用联合位置策略，将商品列表靠前的多个商品位置全部垄断。这样的决策对消费者的选择将产生怎样的影响？联合策略的发起者是否获得预期的利益？对其他商家有何影响？

事实上，不论哪个或者哪些在线商家使用位置策略对其他商家都是有影响的。就此本节探讨商家使用位置策略对消费者选择和其他商

家被选概率的影响，帮助商家明确位置策略的优势和劣势，合理运用
位置策略，努力做到不过度不滥用，为消费者营造更好的购物环境，
帮助平台建立更加完善的购物秩序。

4.5.1　位置策略下的选择模拟过程

在线商品位置作为一种经济资源，在有利可图的情况下商家是可
以进行一定投资的，表 4 - 2 给出了商家使用位置策略时，不同视野
下消费者的选择举例。

表 4 - 2　　　　　　　　　商家位置策略与消费者选择

自然排序 不同视野范围	被选	固定位置策略 不同视野范围	被选	联合位置策略 不同视野范围	被选
⑥⑧｜③④⑤⑦②①	⑥	⑤⑥｜⑧③④⑦②①	⑤	⑧⑦｜⑥⑤③④②①	⑦
⑥⑧③｜④⑤⑦②①	⑥	⑤⑥⑧｜③④⑦②①	⑤	⑧⑦⑥｜⑤③④②①	⑥
⑥⑧③④｜⑤⑦②①	③	⑤⑥⑧③｜④⑦②①	③	⑧⑦⑥⑤｜③④②①	⑤

注：表中带圈数字表示按效用编号的商品，｜将商品列表进入视野和未进入视野分隔
开来。
资料来源：笔者根据研究内容设计。

表 4 - 2 中第一、二列表示商品自然排序时，不同视野范围的
消费者的选择情况。第三列为 5 号商品固定在商品列表的第一位，
其他商品依次后移一位形成的商品序列，从表中直观看出，当 5 号
商品固定在第一位时，视野为 2 和视野为 3 的消费者都选择了 5 号
商品。而自然排序中 5 号商品均未被选中，视野为 2 的消费者没有
选择 5 号商品，是由于其未进入消费者视野，视野为 3 的消费者未
选择 5 号商品的原因有二：首先没有进入视野，其次即使进入视
野，视野中也存在比 5 号效用更高的商品。因此，固定位置策略并
不能确保商品一定会被选中，位置策略和高效用商品相结合才更有
取胜的把握。

第五列为 5 号商家联合 6、7、8 号商品使用联合位置策略时的商品序列，若联合商家按照效用从小到大的顺序排列，那么随着视野依次变大，每个联合商家都有被选中的机会。而对于 5 号商家来说，面对视野为 2 的商家，他选择只与 6 号商家联合即可，同理如果是视野为 3 的消费者，他联合 6 号和 7 号两个商家对自身最为有利。因此，使用联合策略的商家可根据消费者的视野决定其联合商家的个数。当然，总体上视野范围越大，消费者获得的商品效用越高，即消费者搜索越多越容易购买到物美价廉的商品。

以下集中探讨在线商家采取不同的位置策略后消费者选择行为的改变，进而引发其他商家商品被选概率的变化，包含在线商家实行固定位置策略和联合位置策略这两个方面。

4.5.2　固定位置策略下的行为建模

若效用为 m 的商品固定在 j_m 位，效用为 k 的商品在第 j 位被选的概率如何呢？应用概率与数理统计中条件概率来阐述此问题，假设消费者视野中有 i 个商品为全事件 Ω，效用为 m 的商品固定在 j_m 位为事件 A，效用为 k 的商品在第 j 位被选中为事件 B，则以上问题就是解决事件 A 发生时事件 B 发生的条件概率，记为 $P(B \mid A)$。

效用为 k 的商品能否被选中需要从两个方面考虑，k 号商品是否进入消费者的视野，视野内是否出现比 k 号商品效用更大的商品。在这里，j 与 j_m 的大小关系说明了两个商品的相对位置关系，视野的范围决定了两个商品能否被消费者看到，m 与 k 决定了商品能否被选中（见图 4 - 6），无论商品位置如何调整和变化，影响消费者选择的视野因素是不容忽视的。

考虑 $j < j_m$ 即商品 m 固定在商品 k 之后，不同视野情况下消费者的选择行为。

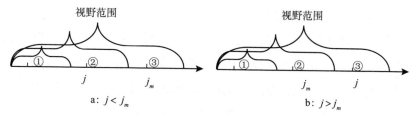

图 4 – 6　商品位置与视野大小关系

资料来源：笔者根据研究内容设计。

第一种情况图 4 – 6a①：当消费者视野 $i \in [1, j-1]$，$(j \geq 2)$ 时，位于第 j 位 k 号产品和固定在 j_m 位 m 号商品都没有进入消费者的视野，因此，商品 k 被选中的概率为 $P(B \mid A) = P(B \mid \Omega) = 0$，此结果表明在消费者视野为 $[1, j-1](j \geq 2)$ 的情况下，效用为 m 的商品固定在 j_m 位对商品 k 的被选概率无影响。（当 $j = 1$ 时，$P(B \mid A) = 0$）

第二种情况图 4 – 6a②：当消费者视野 $i \in [j, j_m - 1]$，$(j < j_m)$ 时，即 m 未进入消费者视野，k 号商品进入了消费者视野，此时当 m 固定在 j_m 位时，k 号产品被选中可能的情况有 $C_{N-k-1}^{i-1}(i-1)!$ 种，视野为 i 可能出现的情况有 $C_{N-2}^{i-1}(i-1)!$ 种，所以 $P(B \mid A) = \sum\limits_{i=j}^{j_m-1} f(i)$ $\dfrac{C_{N-k-1}^{i-1}(i-1)!}{C_{N-2}^{i-1}(i-1)!}$，特别的，当 $j = 1$，$j_m = 2$ 时，$P(B \mid A) = 0$，此概率与所有事件中 k 号被选中事件发生的概率结果不同，即 $P(B \mid A) \neq P(B \mid \Omega) = p(k)$。

第三种情况图 4 – 6a③：当消费者视野 $i \in [j_m, N]$，$(j < j_m)$ 时，m 号商品和 k 号商品一同进入了消费者的视野。若 m 号商品的效用大于 k 号商品的效用，则商品 k 没有被选中的可能；若 m 号商品的效用小于 k 号商品的效用，此时，m 固定在 j_m 位，选中 k 号产品可能的情况一共有 $C_{N-k-1}^{i-2}(i-2)!$ 种，视野为 i 可能出现的情况有 $C_{N-2}^{i-2}(i-2)!$ 种，所以 $P(B \mid A) = \sum\limits_{i=j_m}^{N} f(i) \dfrac{C_{N-k-1}^{i-2}(i-2)!}{C_{N-2}^{i-2}(i-2)!}$。

同理，分析 $j > j_m$ 的情况。

第一种情况图 4 – 6b①②：当消费者视野 $i \in [1, j-1]$，$(j > j_m$，$j \geqslant 2)$ 时，商品 m 虽然在视野内，但位于第 j 位的 k 号产品没有进入消费者的视野，因此，商品 k 被选中的概率为 $P(B|A) = P(B|\Omega) = 0$。

第二种情况图 4 – 6b③：当消费者视野 $i \in [j, N]$，$(j > j_m)$ 时，m 号商品和 k 号商品一同进入了消费者的视野。同样地，若 m 号商品的效用大于 k 号商品的效用，则商品 k 没有被选中的可能；若 m 号商品的效用小于 k 号商品的效用，当 m 固定在 j_m 位时，选中 k 号产品可能的情况一共有 $C_{N-k-1}^{i-2}(i-2)!$ 种，视野为 i 可能出现的情况有 $C_{N-2}^{i-2}(i-2)!$ 种，所以，$P(B|A) = \sum\limits_{i=j}^{N} f(i) \dfrac{C_{N-k-1}^{i-2}(i-2)!}{C_{N-2}^{i-2}(i-2)!}$。

整理以上结果，当 $j < j_m$ 时，

$$P(B|A) = \begin{cases} 0 & i \in [1, j-1] \\ \sum\limits_{i=j}^{j_m-1} f(i) \dfrac{C_{N-k-1}^{i-1}(i-1)!}{C_{N-2}^{i-1}(i-1)!} & i \in [j, j_m-1] \\ 0 & i \in [j_m, N], \ m < k \\ \sum\limits_{i=j_m}^{N} f(i) \dfrac{C_{N-k-1}^{i-2}(i-2)!}{C_{N-2}^{i-2}(i-2)!} & i \in [j_m, N], \ m > k \end{cases}$$

当 $j > j_m$，$P(B|A) = \begin{cases} 0 & i \in [1, j-1] \\ 0 & i \in [j, N], \ m < k \\ \sum\limits_{i=j}^{N} f(i) \dfrac{C_{N-k-1}^{i-2}(i-2)!}{C_{N-2}^{i-2}(i-2)!} & i \in [j, N], \ m > k \end{cases}$

从以上分析可知，若商品 m 效用比 k 小，那么它固定在 k 之前，k 号商品被选中的概率为

$$P(B|A) = \sum\limits_{i=j}^{N} f(i) \dfrac{(N-k-1)!(N-i)!}{(N-k-i+1)!(N-2)!}$$

固定在 k 之后，k 号商品被选中的概率为

$$P(B \mid A) = \sum_{i=j}^{j_m-1} f(i) \frac{(N-k-1)!(N-i-1)!}{(N-k-i)!(N-2)!}$$

$$+ \sum_{i=j_m}^{N} f(i) \frac{(N-k-1)!(N-i)!}{(N-k-i+1)!(N-2)!}$$

若商品 m 效用比 k 大，那么它固定在 k 之前 $P(B \mid A) = 0$，固定在 k 之后 $P(B \mid A) = \sum_{i=j}^{j_m-1} f(i) \frac{(N-k-1)!(N-i-1)!}{(N-k-i)!(N-2)!}$，

显然，效用大于 k 的商品使用位置策略固定在 k 之前，对 k 的影响是致命的，而效用小于 k 的商品固定在 k 之前，对 k 是有利的。

为了更加直观探讨在线商家使用位置策略后对其他商家被选中概率的影响，图 4 - 7 给出了 2 号商品和 6 号商品使用位置策略后，4 号商品在第 5 位被选概率的变化。图中系列 1 表示没有企业使用位置策略时，4 号商品在第 5 位被选中的概率，系列 2 表示 2 号商品固定在不同位置时，4 号商品被选概率的变化。当 2 号固定在 4 号之前，4 号没有被选中的可能，从 4 号商品位置之后，2 号商品固定位置越靠后，4 号被选中的概率越大，甚至超过未使用位置策略时被选中的

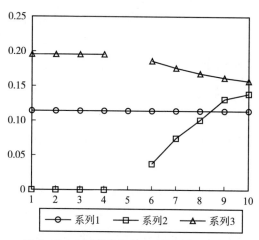

图 4 - 7　4 号商品在第 5 位的被选中概率

资料来源：笔者根据计算结果绘制。

概率。系列 3 表示 6 号商品固定在不同位置对 4 号被选中概率的影响。当 6 号产品固定在 4 号之前的任何位置，4 号商品被选中概率不变，且大于不使用位置策略的被选概率，而 6 号固定在 4 号之后，4 号被选中概率的正面效应逐渐减弱。

综上，对于某个商家生产效用排名为 k 的商品，若商品效用低于 k 的企业使用位置策略，不论固定在 k 之前还是之后，都能提高 k 号商品的被选中概率；若效用高于 k 的企业使用位置策略，固定在 k 之前，k 必然不能被选中，固定在 k 之后，并不像大多数人直观地理解：对 k 带来正面的影响，而是存在一定的滞后效应，在一定临界值后正面效应才能显现出来。

4.5.3 联合位置策略下的行为建模

从前面的分析可知，对于某个商品来说，如果效用大于它的商品固定它之前，那么带来的灾难是毁灭性的，于是位于第 L 位商家认为：与效用弱势的 $L-1$ 个企业联合起来，将商品列表前 L 个位置都固定下来，就可以快速提高被选中概率。

由于消费者视野的异质性，企业无法确定消费者在搜索多少位后做出购买决策。当消费者视野为 1 时，他只会选择第一位产品，当视野为 2 时，他会比较前两位商品的效用选择效用较高的商品，同理，当消费者视野为 L 时，他会选择 L 个商品中效用最大的。所以，若前 L 个位置被某几个商家合谋垄断时，为使联合企业内部不同效用的产品都能有被选择的机会，达到联合组织内的利益最大化，最优的策略是将商品按照效用的大小由低到高排列出来，将效用最低的商品放在第一位，依次类推，将效用最大的商品放在第 L 位上。假设第 L 位商品的效用为 m。

1）分析第 $L+1$ 位，效用为 k 的企业被选概率

第一种情况：当 $i \in [1, L]$ 时，第 $L+1$ 位的企业没有进入消费者视野，因此 $p_k^{L+1} = 0$；

第二种情况：当 $i \in [L+1, N]$ 时，m 号商品和 k 号商品一同进入消费者视野。若 k 号商品的效用小于 m 号商品的效用，即当 $k > m$ 时，$p_k^{L+1} = 0$；若 k 号商品的效用大于 m 号商品的效用，即当 $k < m$ 时，此时选中 k 号产品可能的情况一共有 $C_{N-k-L}^{i-L-1}(i-L-1)!$ 种，视野为 i 可能出现的选择情况有 $C_{N-L-1}^{i-L-1}(i-L-1)!$ 种，所以，当视野为 i 时，k 号商品被选中的概率为：$p_k^{L+1} = \sum_{i=L+1}^{N} f(i) \dfrac{C_{N-k-L}^{i-L-1}(i-L-1)!}{C_{N-L-1}^{i-L-1}(i-L-1)!}$。

特别地，当 $L=1$ 时，第二种情况与固定位置策略中的第三种情况分析结果相同。

2）分析第 L 位，效用为 m 的企业被选概率

当 $i \in [1, L-1]$ 时，第 L 位的企业没有进入消费者视野，m 被选中概率为 $p_m^L = 0$；当视野为 L 时，m 被选择的概率为 $p_m^L = 1$；当 $i \in [L+1, N]$ 时，前 $L-1$ 个位置都已经固定，m 号商品被选中的可能情况一共有 $C_{N-m-L}^{i-L}(i-L)!$ 种，视野为 i 可能出现的情况有 $C_{N-L}^{i-L}(i-L)!$ 种，所以企业联合后，第 L 位的 m 号商品被选中概率为 $p_m^L = \sum_{i=L+1}^{N} f(i) \dfrac{C_{N-m-L}^{i-L}(i-L)!}{C_{N-L}^{i-L}(i-L)!}$。

图4-8和图4-9分别给出了前 L 个位置使用联合位置策略时，消费者选择的行为的变化。在图4-8中，系列1表示效用排名在4号商品之后的商家使用联合位置策略，随着联合企业数量的增加（固定位数的增加）4号商品被选择概率的变化，特别地，当有4个商家固定在前4位时，位于第五位的4号商品被选择概率最大。系列2表示没有使用位置策略时4号商品在对应位置的被选概率，其始终小于使用位置策略的情况。

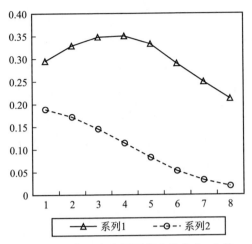

图 4 – 8　前 *L* 个商品固定 4 号在 *L* + 1 位

资料来源：笔者根据计算结果绘制。

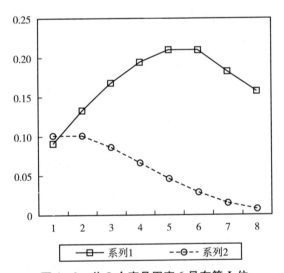

图 4 – 9　前 *L* 个商品固定 6 号在第 *L* 位

资料来源：笔者根据计算结果绘制。

图 4 – 9 中，系列 1 表示 6 号商品联合效用排名在其之后的商品使用联合位置策略，随着联合企业数量的增加，6 号商品被选概率的变化趋势，当 6 号商品联合 4 个企业，位于第 5 位时被选中概率最

大，为了进行比较，系列 2 表示不使用联合位置策略时 6 号商品在对应位置的被选概率。

通过对比发现，联合位置策略不管是对于联合企业内部还是外部，被选概率比不使用时提高了许多，进一步讲，商品被选概率不再是简单地随着位置的下降而单调减少，而是先增长到达峰值之后再下降。因此，不论是使用位置策略的商家还是受到位置策略影响的商家，都需要准确计量位置策略带来的细微变化，从整体把握自身的位置策略。

4.6　本　章　小　结

本章中消费者主要基于商品效用与消费者的视野进行商品选择。在线消费者视野的差异性主要体现在：一消费者、平台和商家对商品位置的干预，形成的不同的商品序列；二消费者由于个体因素差异（如时间、精力、网速等影响）形成不同的视野范围。由此，同一商品在不同消费者眼中可能出现在列表的不同位置，或者根本未进入消费者视野。

消费者忽视商品的细节（如质量、价格特征），根据商品效用的序数排名进行商品选择。在理想情况下，如果消费者的视野不受限制，那么商品效用是消费者选择的唯一决定因素，但由于消费者有序且有限的搜索行为导致视野的差异，商品位置成为影响消费者选择的重要因素。

本章首先详细剖析了消费者不同视野内的选择机制，之后简要探讨商家参与平台排序的最优位置策略，若提升位置不计成本，则商家追求商品列表的最前位置，从而产生竞价排名。若提升位置由平台定价，则商家需衡量成本和收益后确定最优位置。最后深入分析构建在线商家使用固定位置策略和联合位置策略消费者选择行为模型。主要结论如下：当商品效用低于 k 的商家使用位置策略时，不论固定在 k 号商品之前还是之后，都将增加 k 号商品被选中的概率；效用高于 k 的商家使用位置策略时，固定在 k 之前，对 k 的影响是致命的，而固定在 k 之后，对 k 带来的正面效用存在一定的延迟。因而，商家对于效用低于自身商品的其他商家使用位置策略乐见其成，但却需时时关注效用较高商品与自身商品的相对位置，一旦效用较高的商品位于自身商品之前，商家就需积极采取应对措施，避免运营失败的风险。

商家之间采用联合位置策略不管对于联合商家内部还是外部，商品被选概率都不再随着位置的下降而单调减小，而是呈现先增后减的趋势。因而，商家需根据自身商品的效用排名确定联合商家的最优个数，以达到自身位置的最优，总体上使用联合位置策略增加了发起者的被选概率。

本章的研究具有理论和管理两方面的价值：第一，研究视野和商品位置对在线消费者选择行为的影响。以往研究都是将商品、网页设计、物流、支付安全等作为在线消费者选择行为的影响因素，而未从平台商品排序和消费者视野方面来考虑，本书弥补了这方面研究的不足。第二，对商品在不同视野范围、不同位置消费者的选择进行系统建模研究，可作为消费者选择行为建模的理论补充。第三，探索消费者选择行为与商家位置策略之间的内在联系，剖析成本收益衡量下的商家最优位置策略，为多样化商品排序提供新的方向，为商家和平台提供新的营销视角。

从管理角度方面，对在线商家来说，商品质量和位置选择不可或缺，低质量商品位于最前位虽能很快吸引消费者点击，但持续力不足；高质量商品位于靠后位却得不到足够的关注，因而需将二者结合起来完成位置优化，提升经济价值。对平台运营者而言，将位置作为经济资源进行交易可提高平台收益，但应控制好收费标准以免劣质产品占位，降低顾客满意度；同时高度重视排序策略，科学合理地制定排序规则。

▶ 第 5 章 ◀

搜索广告下的在线商家静态博弈

将价格因素考虑到在线商家竞争策略中，序数效用理论将不再适用。本章基于基数效用理论，将商品的质量和价格与商品位置结合起来，建立在线商家之间的静态博弈模型。首先，依据在线市场消费者的搜索行为特征：有序性和有限性，给出商家在不同位置的需求函数，根据博弈论均衡理论计算商家在不同位置的均衡定价和质量选择，用竞价排名的均衡出价原则确定在线商家的最优位置策略，结果表明在不同情况下两个商家都有赢得商品第一位的可能。商品首位对低质量企业的价格、销量和利润有正面影响，且高搜索成本的消费者比例越高，位置影响越显著；而高质量企业在某些情况下放弃位置竞争会获得更多的收益。若将消费者分为知情者和不知情者两类，通过分析发现随着知情消费者比例的增加，低质量企业将逐渐失去赢得位置竞争的机会。

5.1 引　　言

俗话说"酒香不怕巷子深"，在传统市场，如果"酒足够香"，那么即使在偏僻的巷子也会吸引消费者，而在线市场商品数量庞大，质量参差不齐，将商品藏在"偏僻的巷子"是不可取的。有些商家通过引"流量",乘"直通车"的方式,将消费者直接吸引至自己的店铺,以此提升消费者的点击,但点击却不一定能带来预期收益,同时还产生了一定的广告费用。一个直观的想法是产品质量好,位置又靠前,那么这种策略是否是在线商家获得成功的最佳途径呢?

传统市场由于受地理位置的限制,商家面对的消费者大多为某一特定区域内的群体,且在此区域内出售同类商品的竞争对手有限,商家针对有限的竞争对手进行产品差异化经营,既可以满足消费者多样化需求又能减弱同类产品间的价格竞争。此时,由于有限的地理范围及产品差异,位置对商家的影响相对较弱。可以这么理解,有的消费者为了吃到某些商家的特别"味道"或者暖心服务,多付出一些交通成本也是愿意的。

在线市场虽带来了不受时空限制的消费者,但销售同类产品的竞争对手也呈现爆炸式增长。在线平台提供的产品基数大差异小,卖家的产品很容易被同类产品"淹没",加之在线消费者有限的搜索范围,使得在线商家对商品列表位置的竞争愈演愈烈。另外,交易平台的排序与搜索规则,进一步强化了位置竞争,比如一些产品品质特征、销售价格、销售量等都处于中等级以下排位的商品,如果商家不考虑位置竞争策略,其商品可能根本不会出现在消费者的视野中,由此更凸显了在线市场商品位置的重要性。

竞争激烈的在线市场,除了商品位置,价格和质量也是影响消费者选择不可忽视的因素。如果产品质量相同,那么最低价的商品便是消费者的选择。由于搜索成本的存在,商家的均衡定价将按照位置的顺序依次减少(Arbatskaya,2007),如果产品质量存在差异,那么消费者就会权衡产品质量和价格进行选择,如果再考虑到位置的影响,商品定价问题就会变得更加复杂。因此,针对在线消费者有序且有限的搜索行为,商品位置、价格和质量都是在线商家吸引消费者,取得市场份额的关键。

综上,在线商家之间的竞争涉及多个方面,一味追求靠前位置并不一定是商家的最优位置选择。本章将价格、质量及位置因素综合考虑到商家竞争中来，在消费者不同搜索行为下，建立在线商家竞争机制，以基数效用理论和博弈论为支撑，研究企业的均衡定价、质量和位置选择问题，为在线商家竞争决策提供帮助，从而提高在线商家市场运营能力。

5.2　产品与位置竞争述评

5.2.1　商品差异与位置竞争

产品差异化是企业竞争客户的重要手段，企业希望通过差异化产品以缓和日益激烈的价格竞争。产品差异主要包含横向和纵向差异两种情况（刁新军等，2009）。如果产品质量相同但消费者对颜色、包装等形成的偏好差别属于产品的横向差异，如果产品本身质量、尺寸或型号不同，则称为产品的纵向差异。由于消费者分布于不同的地方，从而导致消费者与产品的距离不同，由此形成的差异归为产品的横向差异。霍特林模型是研究产品横向差异化竞争的经典模型，该模型通过探讨消费者购买产品获得的效用与购买产品所花费的距离成本，建立企业选址和定价的两阶段博弈模型（Hotelling，1929）。结果表明，两个企业距离最远时，企业之间的价格竞争最弱。

在线商品位置选择不同于传统市场霍特林模型中的选址问题（见图 5 - 1）。首先，消费者与商家的相对位置不同，霍特林模型中消费者均匀分布于整个市场，而在线零售平台将消费者集中于平台商品列表首位；其次，霍特林模型中消费者根据商品效用与运输成本之差直接进行商品选择，而在线市场的消费者一般从商品首位开始依次搜索，在搜索范围内选择效用最优的商品。

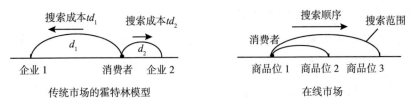

图 5 - 1　不同市场消费者搜索行为比较

资料来源：笔者根据研究内容绘制。

霍特林模型中假设企业的产品是同质的，消费者对产品的初始效用评价无差异。但从长远看，企业更愿意选择质量有差异，将自己的产品与其他产品加以区别，形成自己的固定客户群。产品的差异是多方面的，如果减少企业的空间差异，那么产品在其他方面的差异就需要足够多才能够应对多方面的竞争（Palma et al.，1985）。电子商务的发展，使得商家更易于获得消费者和竞争对手相关信息，实现差异化生产。潘晓军和陈宏民（2002）建立了一个垄断厂商纵向差异化商品质量的三阶段博弈模型，着重讨论企业在不同阶段产品质量选择和不同质量产品定价的问题。

综上，产品的空间差异和产品的质量差异都可以帮助商家弱化价格竞争，因此，商家的位置选择和产品的品质定位成为除价格外，商家赢得竞争的重要途径。在在线市场背景下，本章同时考虑商品的质量差异和商家的位置选择，建立消费者选择和不同质量产品定价模型。

5.2.2　商品效用与消费者选择

由于消费者偏好的不一致，消费者对商品的初始效用评价有很大差异。蒋传海（2002）假定消费者的初始效用评价是一个随机变量，消费者应该购买剩余效用（初始效用减去价格）较高的产品。假定消费者对产品的估值是异质的（也可以理解为支付意愿），估值 v 服从 $[0，1]$ 上的均匀分布，若产品的价格为 $p(0 < p \leqslant 1)$，

在不考虑其他成本的情况下，消费者的净效用为 $v-p$，那么所有满足净效用大于等于 0 的消费者都会购买此产品。在线市场由于消费者对实物感知的缺乏，对商品的估值会有所降低，从而形成线上线下同质产品的需求不同（Chiang et al.，2003）。潘晓军等（2002）认为消费者对产品的估值随商品的质量而改变，假设商品的质量参数为 θ（$0 < \theta \leqslant 1$），价格为 p（$0 < p \leqslant 1$），则消费者购买此商品获得的效用为 $u = \theta v - p$。

本章考虑在线零售平台两个商家出售质量不同价格不同的同功能产品，当消费者点击进入商品页面后，对商品的质量信息完全掌握，消费者对同一产品的估值服从一定的分布，对不同产品的估值随质量不同有所差异。与文献不同的是除了商品本身效用的影响，本书还加入了在线商品位置对消费者选择的影响。

5.2.3　商品定价与有序搜索

在实际中，消费者的搜索行为并不是随机的，特别是现代搜索技术可以帮助消费者形成更加有效的产品备选集，应用排序和筛选精炼工具对搜索结果进行精炼，消费者可增加 34% 的搜索，购买商品的效用提高 18%（Chen & Yao，2017）。由于消费者的最终购买决定依赖于产品备选集，因此，消费者的搜索行为对商家来说至关重要。

消费者在有序搜索的情况下，商家必然关注商品的位置。有学者将位置的价值内生于价格竞争中，建立双寡头市场两阶段博弈定价模型。结果表明具有竞争优势的企业，对主要广告位的竞争并非总是有利的，而竞争力较弱的企业需要衡量赢得第一位获得的额外需求与较高的均衡价格后决定位置策略（Lizhen Xu & Whinston A，2011）。在线消费者还有另外一种策略搜索行为，即拥有完全信息的消费者直接点击高效用的商品，不完全信息的消费者按照商品列表顺序依次搜索，搜索停止的条件是找到匹配的商品，或超出搜索成本控制的搜索范围。此搜索行为在某些情况下位置靠后的商家却获得更高的点击率

（Jerath et al.，2011）。

本章研究有序和策略两种搜索行为模式下的在线商家位置策略，消费者点击商品页面后的购买转化率可以直接用匹配率来表示（Jerath et al.，2011），然而不同消费者看到不同质量的商品，其购买转化率是不同的。具有质量优势的商家在某些情况下放弃首位的竞争更为有利，在不同情境下两个商家都有赢得位置竞争的可能。

5.2.4 竞价排名与位置出价

竞价排名是搜索引擎公司近年来推出的一项引人注目的收费广告业务，其核心是把搜索引擎结果网页的位置作为经济资源向广告主拍卖（姜晖等，2009），利用商业拍卖原理将搜索结果按竞价进行排序。目前付费搜索的拍卖机制普遍采用广义第二价格 GSP 机制。GSP机制要求每个广告主只报告一个竞价，结果列表的首位由出价最高的广告主获得，同时支付排名在其之后的竞价，接着第二个位置由出价次高的广告主获得，支付排名第三的广告主的竞价，依次类推直到广告位置分配完毕（Edelman et al.，2007；姜晖等，2009）。若存在广告主竞价相等的情况，则由拍卖者决定分配规则。

将商家的收益与位置的出价之差作为商家获得的净利润，当商家在第一位与第二位的净利润无差异时，商家再无动机提高出价，由此确定商家对位置的均衡出价（Jerath et al.，2011）。汪定伟（2011）定义广告商的信誉度与其出价乘积为可信报价，若商家只是对位置的出价高而自身信誉度低，那么未必能够在可信竞价排名下获得好的排名，若信誉低的商家欲获得列表的靠前位置，则需要付出比单纯竞价排名更高的出价。此排名机制使在线商家清楚认识到，单纯的竞价不一定能够获得商品列表的第一位，只有同时提高自身的信誉，与出价相结合才能得到更有利的商品位置。徐（Xu et al.，2011）在其位置出价和产品定价的模型中便使用了此种竞价排名方式。

5.2.5　在线商家竞争机制

价格和质量是影响消费者选择的重要因素，因而也成为在线商家竞争策略设计中必不可少的因素。由于在线消费者有序且有限的搜索行为特征，商品位置也是商家竞争中不可忽视的因素，在线商家之间的竞争过程可以看作是商家在价格、质量及商品位置方面的博弈过程（见图 5 – 2）。

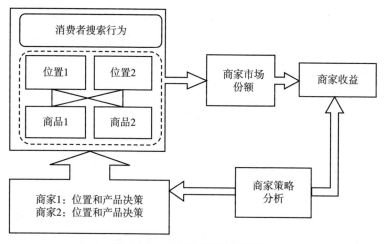

图 5 – 2　商家竞争机制示意图

资料来源：笔者根据研究内容绘制。

各个商家的市场份额及其收益是由其竞争策略变量和消费者搜索行为决定的，商家的竞争策略包含位置和产品（质量、价格方面）两个方面。一方面，商家需对价格、质量和位置等变量进行设计或决策，以达到收益最大或费用最小的目的。消费者在产品购买决策时，通常会受到位置和产品差异的影响，通过比较视野中各产品获得的净效用进行选择。市场中所有消费者的选择从宏观上形成了整个市场份额的划分，从而决定了各个商家的收益；另一方面，在线商家又可以通过产品定位和位置决策来影响消费者的购买决策，从而形成新的市场划分。

5.3　有序搜索下的位置策略

5.3.1　模型假设

（1）假设消费者对市场上某功能产品的初始效用估值为 v，v 服从 $[0, 1]$ 上的均匀分布，$\theta(0 < \theta \leqslant 1)$ 表示产品的质量参数，θv 表示消费者对商品的估值随质量差异而不同，p 为产品的价格。此时消费者的效用函数为（Tirole，1988）：

$$u = \begin{cases} \theta v - p & \text{购买质量为 } \theta \text{ 的产品} \\ 0 & \text{不购买任何产品} \end{cases}$$

（2）假设市场上的消费群体总量为 1，消费者按商品列表顺序有序搜索，设 α 表示高搜索成本消费者所占比例，若市场上只有两个商品，则 α 的消费者只点击列表的第一位商品，获得其价格和质量信息，$1 - \alpha$ 的消费者两个商品都点击后进行比较选择（Lizhen Xu & Whinston A，2011）。消费者异质的搜索成本对形成消费者需求，限制搜索有着重大的影响力。消费者在偏好和异质搜索成本双重影响下，产生的备选集有两个特征：一个是有限性，另一个是备选集与消费者的偏好有关（Koulayev，2014）。

5.3.2　模型构建

考虑两个商家生产功能相同但质量不同的商品，θ_h 表示高质量，θ_l 表示低质量且 $0 < \theta_l < \theta_h \leqslant 1$，消费者购买高质量商品和低质量商品获得的效用分别为 $u_h = \theta_h v - p_h$，$u_l = \theta_l v - p_l$，$\theta^* = \dfrac{p_h - p_l}{\theta_h - \theta_l}$ 为消费者选

择高质量商品和低质量商品无差异时的临界值（见图5－3）。

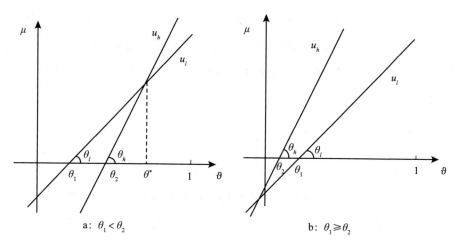

图5－3 不同商家需求示意图

资料来源：笔者根据计算结果绘制。

记 $\dfrac{p_l}{\theta_l}=\theta_1$，$\dfrac{p_h}{\theta_h}=\theta_2$，在图5－3a中$\theta_1<\theta_2$，当消费者的估值 $v\in$ $[0,\theta_1)$ 时，$u_h<0$，$u_l<0$，两个商品的效用都为负，这部分消费者将不会购买任何商品；当估值 $v\in[\theta_1,\theta^*]$ 时，$u_l>u_h$，选择低质量商品的效用高于高质量商品；当估值 $v\in(\theta^*,1]$ 时，$u_h>u_l$，消费者将选择高质量商品。而图5－3b中 $\theta_1>\theta_2$，估值为 $v\in(\theta_2,1]$ 的消费者都选择高质量商品，其他消费者流失。市场需求表示所有消费者选择的加总，消费者的购买决策就决定了商家的市场需求。

则市场上两个商品的需求函数为：

$$Q_h=\begin{cases}1-\dfrac{p_h-p_l}{\theta_h-\theta_l} & \dfrac{p_l}{\theta_l}\leqslant\dfrac{p_h}{\theta_h}\\[2mm] 1-\dfrac{p_h}{\theta_h} & 其他\end{cases}\;;\quad Q_l=\begin{cases}\dfrac{p_h-p_l}{\theta_h-\theta_l}-\dfrac{p_l}{\theta_l} & \dfrac{p_l}{\theta_l}\leqslant\dfrac{p_h}{\theta_h}\\[2mm] 0 & 其他\end{cases}$$

位置策略是商家争夺市场的重要手段，因此，建立消费者选择模型时必须充分考虑位置的因素。两个不同质量的商家通过价格、质量及位置决策来竞争市场份额。记 p_i^j，q_i^j，π_i^j 分别表示商家 $i(i=h，l)$ 在第 $j(j=1，2)$ 位的价格、需求和利润。考虑两阶段博弈过程，第一阶段，商家确定产品质量，且进行商品位置决策；第二阶段商家产品定价和消费者选择同时进行。采用逆向归纳法分析以上博弈问题。

5.3.2.1 两个商家价格竞争

情形 1 高质量商家位于商品列表第一位

在第二阶段，若高质量商家赢得了商品列表第一位，那么 α 的消费者只观测到高质量商品，而 $1-\alpha$ 的消费者则会对两个商品的效用进行比较选择，因此，两个商家的需求函数分别为：

$$q_h^1 = \begin{cases} \alpha(1-\theta_2) + (1-\alpha)(1-\theta^*) & \theta_1 < \theta_2 \\ 1-\theta_2 & 其他 \end{cases}，$$

$$q_l^2 = \begin{cases} (1-\alpha)(\theta^*-\theta_1) & \theta_1 < \theta_2 \\ 0 & 其他 \end{cases}$$

不同商家需求如图 5-4 所示。

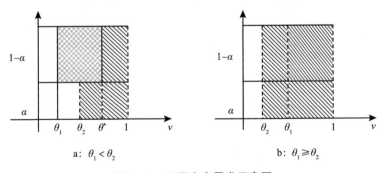

a: $\theta_1 < \theta_2$ b: $\theta_1 \geq \theta_2$

图 5-4 不同商家需求示意图

注：以上图形中斜杠区域表示高质量商家获得的需求，圆点阴影表示低质量的需求。图 (a) 中 $\theta_1 < \theta_2$，图 (b) 中 $\theta_1 \geq \theta_2$。
资料来源：笔者根据计算结果绘制。

假定两个商家生产成本为 0，则利润函数分别为 $\pi_h^1 = p_h^1 \cdot q_h^1$，$\pi_l^2 = p_l^2 \cdot q_l^2$。

此时，两个在线商家在（θ_h，θ_l）给定的条件下确定（p_h^1，p_l^2）以最大化各自的利润，使用伯特兰德双头垄断模型计算商家的均衡价格、销量及利润：

$$p_h^1 = \frac{2\theta_h(\theta_h - \theta_l)}{4\theta_h - \theta_l - 3\alpha\theta_l}, \quad p_l^2 = \frac{\theta_l(\theta_h - \theta_l)}{4\theta_h - \theta_l - 3\alpha\theta_l}$$

$$q_h^1 = \frac{2(\theta_h - \alpha\theta_l)}{4\theta_h - \theta_l - 3\alpha\theta_l}, \quad q_l^2 = \frac{\theta_h(1 - \alpha)}{4\theta_h - \theta_l - 3\alpha\theta_l}$$

$$\pi_h^1 = \frac{4\theta_h(\theta_h - \theta_l)(\theta_h - \alpha\theta_l)}{(4\theta_h - \theta_l - 3\alpha\theta_l)^2}, \quad \pi_l^2 = \frac{\theta_h\theta_l(1 - \alpha)(\theta_h - \theta_l)}{(4\theta_h - \theta_l - 3\alpha\theta_l)^2}$$

经验证，$\dfrac{p_l^2}{\theta_l} < \dfrac{p_h^1}{\theta_h}$，即 $\theta_1 < \theta_2$

情形 2　低质量商家位于商品列表第一位

当低质量商家赢得商品列表第一位时，两个商家的需求函数分别为：

$$q_l^1 = \begin{cases} \alpha(1 - \theta_1) + (1 - \alpha)(\theta^* - \theta_1) & \theta_1 < \theta_2 \\ \alpha(1 - \theta_1) & \text{其他} \end{cases},$$

$$q_h^2 = \begin{cases} (1 - \alpha)(1 - \theta^*) & \theta_1 < \theta_2 \\ (1 - \alpha)(1 - \theta_2) & \text{其他} \end{cases}$$

不同商家需求如图 5 – 5 所示。

使用伯特兰德双头垄断模型计算的均衡价格、销量和利润，对于图 5 – 5a 有以下结果：

$$p_l^1 = \frac{\theta_l(\alpha + 1)(\theta_h - \theta_l)}{4\theta_h - \theta_l - 3\alpha\theta_l}, \quad p_h^2 = \frac{(2\theta_h - \alpha\theta_l)(\theta_h - \theta_l)}{4\theta_h - \theta_l - 3\alpha\theta_l}$$

$$q_l^1 = \frac{(\alpha + 1)(\theta_h - \alpha\theta_l)}{4\theta_h - \theta_l - 3\alpha\theta_l}, \quad q_h^2 = \frac{(2\theta_h - \alpha\theta_l)(1 - \alpha)}{4\theta_h - \theta_l - 3\alpha\theta_l}$$

$$\pi_l^1 = \frac{\theta_l(\alpha + 1)^2(\theta_h - \theta_l)(\theta_h - \alpha\theta_l)}{(4\theta_h - \theta_l - 3\alpha\theta_l)^2}, \quad \pi_h^2 = \frac{(2\theta_h - \alpha\theta_l)^2(1 - \alpha)(\theta_h - \theta_l)}{(4\theta_h - \theta_l - 3\alpha\theta_l)^2}$$

经验证，只有当$\dfrac{\theta_l}{\theta_h} < \dfrac{1-\alpha}{\alpha}$时，才满足条件$\dfrac{p_l^1}{\theta_l} < \dfrac{p_h^2}{\theta_h}$，即 $\theta_1 < \theta_2$；当

$\dfrac{1-\alpha}{\alpha} < \dfrac{\theta_l}{\theta_h} < 1$ 时，需求如图 5 - 5b 所示，表 5 - 1 给出了两个商家在

整个区间的均衡价格、销量和利润。

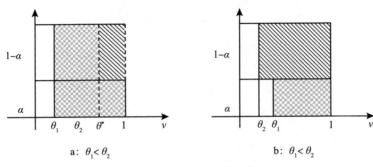

a：$\theta_1 < \theta_2$　　　　　　　b：$\theta_1 < \theta_2$

图 5 - 5　不同商家需求示意图

注：$\theta_1 < \theta_2$。
资料来源：笔者根据计算结果绘制。

表 5 - 1　　　　商家价格、销量与利润（低质量商家第一位）

$\dfrac{\theta_l}{\theta_h} < \dfrac{1-\alpha}{\alpha}$		$\dfrac{1-\alpha}{\alpha} < \dfrac{\theta_l}{\theta_h} < 1$
$p_l^1 = \dfrac{\theta_l(\alpha+1)(\theta_h-\theta_l)}{4\theta_h-\theta_l-3\alpha\theta_l}$	$p_h^2 = \dfrac{(2\theta_h-\alpha\theta_l)(\theta_h-\theta_l)}{4\theta_h-\theta_l-3\alpha\theta_l}$	$p_l^1 = \dfrac{\theta_l}{2}$，$p_h^2 = \dfrac{\theta_h}{2}$
$q_l^1 = \dfrac{(\alpha+1)(\theta_h-\alpha\theta_l)}{4\theta_h-\theta_l-3\alpha\theta_l}$	$q_h^2 = \dfrac{(2\theta_h-\alpha\theta_l)(1-\alpha)}{4\theta_h-\theta_l-3\alpha\theta_l}$	$q_l^1 = \dfrac{\alpha}{2}$，$q_h^2 = \dfrac{1-\alpha}{2}$
$\pi_l^1 = \dfrac{\theta_l(\alpha+1)^2(\theta_h-\theta_l)(\theta_h-\alpha\theta_l)}{(4\theta_h-\theta_l-3\alpha\theta_l)^2}$ $\pi_h^2 = \dfrac{(2\theta_h-\alpha\theta_l)^2(1-\alpha)(\theta_h-\theta_l)}{(4\theta_h-\theta_l-3\alpha\theta_l)^2}$		$\pi_l^1 = \dfrac{\theta_l\alpha}{4}$，$\pi_h^2 = \dfrac{\theta_h(1-\alpha)}{4}$

资料来源：笔者根据计算结果绘制。

5.3.2.2 结果分析与比较

(1) 销量和利润的横向比较

当高质量商家位于第一位时，$p_h^1 > p_l^2$，$q_h^1 > q_l^2$，$\pi_h^1 > \pi_l^2$，即高质量商品的价格、销量和利润都高于位于第二位的低质量商家。说明高质量商家拥有质量优势和位置优势，即使价格高于低质量商家也可以获得更多的市场份额和利润。

当低质量商家位于第一位时，从销量上看，当 $0 < \alpha < \dfrac{1}{3}$ 且 $\dfrac{\theta_l}{\theta_h} > \dfrac{3\alpha - 1}{2\alpha^2}$ 时，位于第二位的高质量商家的销量高于低质量商家。满足① $\dfrac{1}{3} < \alpha < \dfrac{1}{2}$ 且 $\dfrac{\theta_l}{\theta_h} < \dfrac{3\alpha - 1}{2\alpha^2}$ 或者② $\dfrac{1}{2} < \alpha < 1$ 条件之一时，低质量商家的销量高于高质量商家。从利润比较，当 $\dfrac{\theta_l}{\theta_h} < \dfrac{1 - \alpha}{\alpha}$ 时，位于第二位的高质量商家利润高于低质量商家；当 $\dfrac{1 - \alpha}{\alpha} < \dfrac{\theta_l}{\theta_h} < 1$ 时位于第一位的低质量商家利润高，见表 5 - 2 和图 5 - 6。

表 5 - 2　不同商家销量、利润大小关系表（低质量商家第一位）

	低质量商家第一位	高质量商家第二位
区域 I	销量高，利润高	销量低，利润低
区域 II	销量低，利润低	销量高，利润高
区域 III	销量高，利润低	销量低，利润高
区域 IV	销量高，利润低	销量低，利润高

资料来源：笔者根据计算结果绘制。

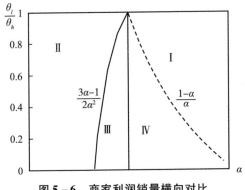

图 5 – 6　商家利润销量横向对比

资料来源：笔者根据计算结果绘制。

当高搜索成本消费者比例较低时，且质量比（低质量与高质量系数比）小于某一临界时，消费者进行更多的搜索，使得高质量商家在第二位也获得较高的市场份额，同时高质量商家的质量优势明显，因此，得到比第一位更多的收益（区域Ⅱ）。当高搜索成本消费者比例较高时，低质量商家凭借一定的位置优势取得了较高的市场份额，但为了留住顾客，弥补其质量劣势，低质量商家商品定价较低，因而造成低质量商家在第一位销量高、利润低的局面（区域Ⅲ，Ⅳ）。只有当高搜索成本的消费者比例高同时质量比大于临界值时，低质量商家才能达到销量高和利润高双赢（区域Ⅰ）。

（2）销量和利润纵向比较

对于低质量商家，位于第一位的销量和利润总是高于第二位的销量和利润；对于高质量商家，位于第一位的销量高于第二位的销量，但当 $\dfrac{\theta_l}{\theta_h} > \dfrac{4\ (1 + 3\alpha^2 - \sqrt{3\alpha^3 - 5\alpha^2 + \alpha + 1})}{9\alpha^3 - 3\alpha^2 + 11\alpha - 1}$ 且 $\dfrac{1-\alpha}{\alpha} < \dfrac{\theta_l}{\theta_h} < 1$ 时位于第二位将获得高于第一位的利润（见图 5 – 7 的Ⅰa 区域），此时高质量商家将主动放弃位置竞争。从实际来讲，高质量商家在该区域具有绝对的效用优势（见图 5 – 3b），只要顾客点击两个商品进行比较，则一定会购买高质量商品。与此同时，低质量商家丧失了效用

· 118 ·

优势，位置成为唯一的出路，其对位置的迫切追求自然会增强对其位置的竞争，因而高质量商家放弃第一位反而成为更好的选择，既可以得到部分市场份额，也可以减少位置竞争出价带来的损失，获得较高的利润。

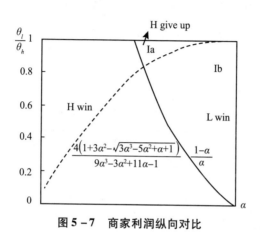

图5－7　商家利润纵向对比

注：H表示高质量商家，L表示低质量商家。
资料来源：笔者根据计算结果绘制。

5.3.2.3　两个商家位置竞争

在传统市场，商家选址问题常常被认为是长期策略行为，而将商品定价看作是商家的短期策略，在线市场与传统市场有显著的区别，按照竞价排名机制，商家对商品位置的出价可以按照时段变更，按小时更新甚至实时更新，对于在线市场商品位置已不再是商家的长期行为。同样地，科学技术的发展，新材料新科技的使用，也使得商品更新换代加快，商品更新、流行趋势变化都要求商家不能一味地进行单纯的价格竞争，需要提升商品本身的差异（如质量、附加产品等）。

通过上文的分析可知，除了图5－7区域Ⅰa高质量商家主动放弃位置竞争外，其他情况下商家在首位的利润总是高于第二位的利润，因此在利益的驱使下，两个商家都有动机争取第一位。若除去位置竞价成本商家的利润仍高于第二位的利润，商家就会抬高出价，直到在两个商品位商家获得的利润无差异时为止（Jerath et al.，2011）。设商家以竞价排名方式，按照固定值出价原则获得商品位置，b_h，b_l 分别为两个商家对第一商品位的出价，第二商品位的保留价为 0，通过计算 $\pi_h^1 - b_h = \pi_h^2$；$\pi_l^1 - b_l = \pi_l^2$ 得到两个商家的均衡出价策略（见表 5-3）。

表 5-3   商家不同情况下的竞争策略

		位置	位置出价	质量选择	商品定价
区域 Ⅰa	高质量商家	第二位	不出价	$\theta_h = 1$	$p_h^2 = \dfrac{1}{2}$
	低质量商家	第一位	任意小的正出价	θ_l 趋近 1	$p_l^1 = \dfrac{\theta_l}{2}$
区域 Ⅰb	高质量商家	第二位	$b_h = ((9\alpha^3 - 3\alpha^2 + 11\alpha - 1)\theta_l^2 - (24\alpha^2 + 8)\theta_l + 16\alpha) / 4(4 - \theta_l - 3\alpha\theta_l)^2$	$\theta_h = 1$	$p_h^2 = \dfrac{1}{2}$
	低质量商家	第一位	$b_l = \theta_l((3\alpha+1)^2\alpha\theta_l^2 - (24\alpha^2 - 12\alpha + 4)\theta_l + (20\alpha - 4)) / 4(4 - \theta_l - 3\alpha\theta_l)^2$	θ_l 趋近 1	$p_l^1 = \dfrac{\theta_l}{2}$
区域 Ⅱ，Ⅲ，Ⅳ	高质量商家	第一位	$b_h = \dfrac{\alpha(49 - 25\alpha)}{48(7 - 3\alpha)}$	$\theta_h = 1$	$p_h^1 = \dfrac{1}{4}$
	低质量商家	第二位	$b_l = \dfrac{\alpha(7\alpha + 17)}{48(7 - 3\alpha)}$	$\theta_l = \dfrac{4}{7 - 3\alpha}$	$p_l^2 = \dfrac{1}{2(7 - 3\alpha)}$

资料来源：笔者根据计算结果绘制。

当 $\dfrac{\theta_l}{\theta_h} < \dfrac{1-\alpha}{\alpha}$ 时，高质量商家赢得商品列表的第一位，当 $\dfrac{1-\alpha}{\alpha} <$

$\dfrac{\theta_l}{\theta_h} < \dfrac{4 \ (1 + 3\alpha^2 - \sqrt{3\alpha^3 - 5\alpha^2 + \alpha + 1})}{9\alpha^3 - 3\alpha^2 + 11\alpha - 1} < 1$ 时，低质量商家出价高于对

手赢得商品列表第一位，特别地，当 $\dfrac{1-\alpha}{\alpha} < \dfrac{\theta_l}{\theta_h} < 1$ 且 $\dfrac{\theta_l}{\theta_h} >$

$\dfrac{4(1+3\alpha^2 - \sqrt{3\alpha^3 - 5\alpha^2 + \alpha + 1})}{9\alpha^3 - 3\alpha^2 + 11\alpha - 1}$ 时，高质量商家主动放弃位置竞争

（见图 5 - 7）。

　　从图 5 - 7 分析可得，当高搜索成本消费者的比例小于一半，高质量商家赢得位置竞争，只有当此比例大于 1/2 时，低质量商家才有赢得首要商品位的可能。由于高搜索成本的消费者比例较高，位置优势使得低质量商家获得高需求的同时，也使得其大胆提高价格，为低质量商家带来较高的利润。换句话说，消费者的搜索行为决定了商家的位置策略，更多地搜索使得低质量明白即使位于靠前位置也不能获得更好的利润。如果能够识别消费者类型，抓住高搜索成本人群，将商品推送至此类目标人群上才能达到更好的效果。高质量商家要看准时机适时退出位置竞争，面对不同的消费群体采用不同的位置策略，减少位置竞争带来的不必要成本。

5.3.3　商家和平台利润分析

　　根据第二价格拍卖机制，商家最终的净利润为其收益减去后一位商家的位置出价（见表 5 - 4 和图 5 - 8），通过比较发现，不论高质量商家位于第一位还是第二位，其利润都随着高搜索成本消费比例的增大而减少，并且高搜索成本消费者的比例越高，利润减少得越快。对于低质量商家，在商品列表第二位时，其利润保持不变，位于列表第一位时利润将随高搜索成本消费者比例的增大而减少，只是减少得比高质量商家缓慢。由此说明，消费者搜索较少选项对低质量商家更为有利。

表5-4　　　　　　　　　商家不同情况下的实际利润

		位置	实际位置价格	实际获得利润
区域Ⅰa	高质量商家	第二位	$b_h^* = 0$	$\pi_h^2 = \dfrac{1-\alpha}{4}$
	低质量商家	第一位	b_l^* 稍大于0	$\pi_l^1 = \dfrac{\theta_l\alpha}{4} - b_l^*$
区域Ⅰb	高质量商家	第二位	$b_h^* = 0$	$\pi_h^2 = \dfrac{1-\alpha}{4}$
	低质量商家	第一位	$b_l^* = ((9\alpha^3 - 3\alpha^2 + 11\alpha - 1)\theta_l^2 - (24\alpha^2 + 8)\theta_l + 16\alpha) / 4(4 - \theta_l - 3\alpha\theta_l)^2$	$\pi_l^1 = (\alpha(3\alpha+1)^2\theta_l^3 - (9\alpha^3 + 21\alpha^2 + 19\alpha - 1)\theta_l^2 - (24\alpha^2 + 16\alpha + 8)\theta_l - 16\alpha) / 4(4 - \theta_l - 3\alpha\theta_l)^2$
区域Ⅱ，Ⅲ，Ⅳ	高质量商家	第一位	$b_h^* = \dfrac{\alpha(7\alpha + 17)}{48(7 - 3\alpha)}$	$\pi_h^1 = \dfrac{49 - 7\alpha^2 - 38\alpha}{48(7 - 3\alpha)}$
	低质量商家	第二位	$b_l^* = 0$	$\pi_l^2 = \dfrac{1}{48}$

资料来源：笔者根据计算结果绘制。

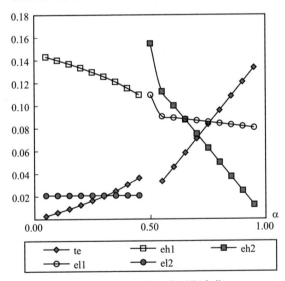

图5-8　企业和平台利润变化

注：eh1 和 eh2 分别表示高质量商家在第一位和第二位的利润；el1 和 el2 分别表示低质量商家在第一位和第二位的利润。此图中平台利润为散点图，并不只是在0.5处平台利润最小，只要在高质量企业放弃位置竞争的区域平台的利润都是最小值。

资料来源：笔者根据计算结果绘制。

在线平台的利润来源于为在线商家提供位置服务所得到的广告收入，即所有商家实际的位置出价。图 5 – 8 给出了商家和平台利润随高搜索成本消费者比例变化的示意图。如果有 50% 以上的消费者搜索范围很小，只点击商品列表的第一位，则平台利润会随着高搜索成本消费者比例的增加迅速提升，特别地，在高质量商家放弃位置竞争时，平台的利润出现低谷，而两个商家的利润都达到最高。总的来说，消费者搜索范围广，消费者能够得到更好的选择，而搜索范围小使得商家和平台从中获得了更多的利益，瓜分了更多的消费者剩余。

5.4　策略性搜索下的位置策略

5.4.1　消费者分类与策略性搜索

在现实中，消费者并不总是按照列表结果进行有序搜索，如有的消费者通过线下了解或者已有的购买经历对产品的效用已经充分掌握，将此类消费者视为知情者（informed consumer），其余的对商品不甚了解的消费者视为不知情者（uninformed consumer）。知情者总是从效用较高的商品开始搜索，它具有策略性搜索行为，而不知情者则按照结果列表顺序依次搜索。

设整个消费群体中，知情者的比例为 β，与不同搜索成本类型的消费者交叉后，则整个消费群体被分为四种类型，高搜索成本知情者（informed non-shoppers），低搜索成本知情者（informed shoppers），高搜索成本不知情者（uninformed non-shoppers）和低搜索成本不知情者（uninformed shoppers）。

搜索成本决定了消费者的搜索范围，而知情与否又决定了消费者的搜索顺序。知情者采取策略性的搜索行为，从自认为效用高的商品开始搜索，不知情的消费者仍按照浏览习惯从第一位开始搜索，则四种类型消费群体他们各自的搜索行为分别为：$\alpha\beta$ 的消费者只点击高效用的产品，$\alpha(1-\beta)$ 的消费者只点击列表第一位的产品，$(1-\alpha)$ β 表示从效用高的商品开始搜索，$(1-\alpha)(1-\beta)$ 表示从商品列表第一位开始搜索。

5.4.2 不同商家的需求分析

消费者的购买决策是由消费者的估值、消费者搜索类型及商品位置共同决定的。由于消费者的估值范围能够确定商品效用的大小，由此决定知情者的搜索顺序，所以以消费者的估值范围为分类标准研究商家的需求函数更为简便。

对于估值 $v \in [\theta_1, \theta^*]$ 的消费者（见图 5 - 3），选择低质量产品得到的效用要高于高质量产品的效用，因而知情者将从低质量产品开始搜索；而估值 $v \in (\theta^*, 1]$ 的知情消费者认为高质量产品的效用要高于低质量产品，因而会从高质量产品开始搜索。而对于不知情者，哪个商品在第一位则从此商品开始搜索。最终，商品效用和商品位置共同决定商家的需求。

对于 $v \in [\theta_1, \theta^*]$，$q^1_{h,[\theta_1,\theta^*]} = \alpha(1-\beta)(\theta^* - \theta_2)$，$q^2_{l,[\theta_1,\theta^*]} = (\alpha\beta + (1-\alpha))(\theta^* - \theta_1)$

高质量商家在第一位的需求来源于高搜索成本的不知情者，他们只点击第一位，且高质量产品效用非负时选择购买，低质量商家在第二位的需求包含两部分，一是高搜索成本的知情者，他们只点击自认为效用高的低质量产品；二是低搜索成本的消费者之中，认为低质量产品效用更高的消费者。总之，对于估值为 $v \in [\theta_1, \theta^*]$ 的消费者，原本选择低质量产品的效用要高于高质量产品，但由于搜索成本和搜索顺序的限制却可能选择了效用较低的高质量产品（如不知情消费者从第一位搜索），这也是在线市场交易的真实反映。

对于 $v \in (\theta^*, 1]$，$q^1_{h,[\theta^*,1]} = 1 - \theta^*$，$q^2_{l,[\theta^*,1]} = 0$

高质量商家在第一位的需求来源于两部分，一是只点击第一位的高搜索成本消费者，且高质量产品效用非负时选择购买；二是两位都点击，比较效用后认为高质量产品效用更高的不知情消费者。此时低质量商家在第二位无人问津，需求为 0。另外，对于估值为 $v \in [0, \theta_1]$ 的消费者，购买两个商家提供的产品，得到的效用都为负，因此，此类消费者放弃购买。

不同商家在不同位置的需求是所有估值的消费者加总得到，类似地，分析低质量商家位于第一位高质量商家位于第二位的情况，具体需求函数如下：

$$q_h^1 = \begin{cases} \alpha(1-\beta)(\theta^* - \theta_2) + (1-\theta^*) & \theta_1 < \theta_2 \\ 1 - \theta_2 & \text{其他} \end{cases}$$

$$q_l^2 = \begin{cases} (\alpha\beta + (1-\alpha))(\theta^* - \theta_1) & \theta_1 < \theta_2 \\ 0 & \text{其他} \end{cases}$$

$$q_l^1 = \begin{cases} (\theta^* - \theta_1) + \alpha(1-\beta)(1-\theta^*) & \theta_1 < \theta_2 \\ \alpha(1-\beta)(1-\theta_1) & \text{其他} \end{cases}$$

$$q_h^2 = \begin{cases} (\alpha\beta + (1-\alpha))(1-\theta^*) & \theta_1 < \theta_2 \\ (\alpha\beta + (1-\alpha))(1-\theta_2) & \text{其他} \end{cases}$$

5.4.3　考虑策略搜索行为的商家策略

商家追求利润最大化，求解可得商家的最优定价，销量和利润如下[①]：

$$p_h^1 = \frac{2(1-\theta)}{4 + 3\alpha\beta\theta - 3\alpha\theta - \theta}, \quad p_l^2 = \frac{\theta(1-\theta)}{4 + 3\alpha\beta\theta - 3\alpha\theta - \theta}$$

$$q_h^1 = \frac{2(\alpha\beta\theta - \alpha\theta + 1)}{4 + 3\alpha\beta\theta - 3\alpha\theta - \theta}, \quad q_l^2 = \frac{\alpha\beta - \alpha + 1}{4 + 3\alpha\beta\theta - 3\alpha\theta - \theta}$$

$$\pi_h^1 = \frac{4(\alpha\beta\theta - \alpha\theta + 1)(1-\theta)}{(4 + 3\alpha\beta\theta - 3\alpha\theta - \theta)^2}, \quad \pi_l^2 = \frac{(\alpha\beta - \alpha + 1)\theta(1-\theta)}{(4 + 3\alpha\beta\theta - 3\alpha\theta - \theta)^2}$$

---

① 为了简化计算，可设 $\theta_h = 1$，$\theta_l = \theta$。

$$p_l^1 = \frac{\theta(1-\theta)(1+\alpha-\alpha\beta)}{4+3\alpha\beta\theta-3\alpha\theta-\theta}, \quad p_h^2 = \frac{(2+\alpha\beta\theta-\alpha\theta)(1-\theta)}{4+3\alpha\beta\theta-3\alpha\theta-\theta}$$

$$q_l^1 = \frac{(1+\alpha\beta\theta-\alpha\theta)(1+\alpha-\alpha\beta)}{4+3\alpha\beta\theta-3\alpha\theta-\theta}, \quad q_h^2 = \frac{(2+\alpha\beta\theta-\alpha\theta)(1-\alpha+\alpha\beta)}{4+3\alpha\beta\theta-3\alpha\theta-\theta}$$

$$\pi_l^1 = \frac{(1+\alpha\beta\theta-\alpha\theta)(1+\alpha-\alpha\beta)^2\theta(1-\theta)}{(4+3\alpha\beta\theta-3\alpha\theta-\theta)^2},$$

$$\pi_h^2 = \frac{(2+\alpha\beta\theta-\alpha\theta)^2(1-\alpha+\alpha\beta)(1-\theta)}{(4+3\alpha\beta\theta-3\alpha\theta-\theta)^2}$$

经验证，只有当 $\theta < \dfrac{1}{\alpha(1-\beta)} - 1$ 时，才满足条件 $\dfrac{p_l^1}{\theta_l} < \dfrac{p_h^2}{\theta_h}$，即 $\theta_1 < \theta_2$。

当 $\theta \geqslant \dfrac{1}{\alpha(1-\beta)} - 1$ 时，$p_l^1 = \dfrac{\theta}{2}$，$p_h^2 = \dfrac{1}{2}$，$q_l^1 = \dfrac{\alpha(1-\beta)}{2}$，$q_h^2 = \dfrac{1-\alpha(1-\beta)}{2}$

$$\pi_l^1 = \frac{\alpha(1-\beta)\theta}{4}, \quad \pi_h^2 = \frac{1-\alpha(1-\beta)}{4}$$

比较发现，对于低质量商家，位于第一位的销量和利润总是高于第二位的销量和利润；对于高质量商家并不总是这样。图5-9展示了 β 为0.1，0.2，0.3，0.4时，商家的位置竞争结果，在相同样式线条的右上角交叉区域，高质量商家位于第二位的利润要高于位于第一位的利润，高质量商家将主动放弃位置竞争。

综上，引入消费者策略性搜索行为后，商家的位置选择与有序搜索模型的结论相似，随着 β 的增大，高质量商家放弃位置竞争的区域越来越小，低质量商家赢得位置竞争的区域也随之减少。这说明凭借位置获得的收益会随着知情消费者比例的增加而逐渐减少，商品位置的作用也会逐渐减弱。极端的情况是，如果市场上都为知情消费者，他们直接点击和选择自认为效用高的产品，那么商品位置对在线商家来说将不再重要（见图5-9）。

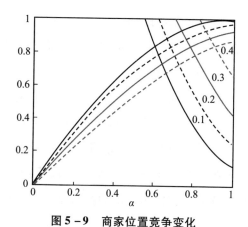

图 5 - 9　商家位置竞争变化

资料来源：笔者根据计算结果绘制。

5.5　本　章　小　结

本章利用基数效用论，通过分析在线消费者搜索行为特征，建立双寡头市场位置博弈模型，从质量、价格和商品位置这三个方面研究商家的竞争过程，给出了商家在不同位置下的最优质量选择和产品的均衡定价，以及不同搜索行为下的位置选择及出价策略。结果表明在某些情况下，高质量商家主动放弃位置竞争将是更好的选择，而靠前位置能为低质量商家带来更好的销量和收益，但只有在特定条件下低质量商家才能赢得主要商品位。如果市场上存在知情者从高效用产品开始搜索，以上结果依然成立，且随着知情者比例的增加，低质量商家赢得位置竞争的可能性逐渐减小。

在线商品位置的作用机理是：消费者有序且有限的搜索行为，形成了消费者对不同商家在不同位置的需求差异。因而在线商品位置对商家的成败有着至关重要的作用。消费者的搜索范围对位置的影响有明显的制约，搜索范围越小，位置的作用越显著，商家和平台从消费者处获得的收益更多。搜索范围广，位置的影响作用逐渐减弱，商家和平台利润减少,消费者剩余增加。

　　在竞争激烈的在线市场,商家不仅要关注商品价格和质量选择,还应重视位置对消费者选择及市场竞争的影响,在不同的位置采取不同的定价策略和产品质量选择,以应对商家在靠前位置的优势和靠后位置的不足。商家应充分了解和掌握消费者在不同环境下的搜索行为,在不同情况下选择不同的位置出价策略,以免造成位置成本的浪费,甚至盲目追求第一位导致利润的损失。商家需综合把握产品价格、质量及商品位置的互相作用,增加商家竞争力,选择适合自身持续发展的最佳途径。

▶ 第 6 章 ◀

搜索广告下的在线商家动态博弈

在线市场同传统市场一样，在竞争和发展中总有新的商家加入旧的商家消亡。新进入商家作为后来者，需根据原有市场竞争环境，做出对自身最有利的产品定位与竞争策略，而原有市场的商家面对新进入商家也需要对原有的运营策略做出相应调整。本章利用斯塔克尔伯格（Stackelberg）领导者—追随者模型，研究市场上出现新的竞争者后商家的动态博弈过程，具体包含商家的产品定价、质量选择和位置出价决策，以及随着竞争的深入，各决策变量的变化与调整，为在线商家适应不同竞争环境提供帮助。

6.1 引　　言

在一个不断发展的市场中，总是有新的商家不断参与到竞争中来，也有旧的商家被淘汰退出市场。一方面，在线零售平台进入门槛低，商家不需要门店和人员等前期投入，甚至只需要提供必要的商品信息，简单轻松就可以在电商平台开店运营；另一方面，从在线零售平台商家的销售数据可以发现，很多店铺数个月销售量持续为零，说明依托在线平台，开个网店十分容易但想长久发展却异常困难，随时都有被淘汰的可能。由此说明在线平台的商家更换且快速频繁，因而时时把握在线市场商家的动态变化，研究在线市场的动态竞争十分必要。

在竞争市场上，新进入者由于其独特的营销和定位策略可能会产生额外的需求，从而促进整个市场的扩张。这一市场扩张可能会为现有的商家创造新的商机，吸引新的潜在买家。如果一家新进入的公司没有为市场扩张做出贡献，那么它将试图通过大力促销和/或降价来争夺现有商家的潜在买家。实际上，最有可能的情况是，一个新的进入者既促进了市场的扩张又同时转移了现有商家的潜在买家。面对市场新进入者的竞争，原有商家需要考虑什么样的产品策略才能有效应对新进入者的竞争？斯塔克尔伯格领导者—追随者动态博弈模型为此问题的均衡解提供了解决方案。

本章建立两个商家关于价格和质量的动态博弈模型，首先研究位置确定的情况下，商家先后进入市场的定价策略和质量选择，之后根据不同位置利润无差异确定位置出价策略，从而最后确定商品位置。假设市场上已存在一个商家1，考虑下面两步。第一，已存在的商家1选择质量、价格和位置（此时假设市场只有一个商家，那么商家1排在第一位）；第二，后进入商家2观察到商家的决策后，确定自己的价格、质量及位置决策（是直接位于商家1之后，还是选择与商家1竞争第一位）。

将以上的过程视为竞争的第一阶段，之后随着时间的推移，两个商家并存于市场且同时决策，此时作为竞争的第二阶段（商家的同时决策结果见第5章），通过比较两个阶段在线商家在质量、价格及位置选择方面的变化，指导在线商家在整个动态竞争过程中各决策的调整。在整个竞争过程中，高搜索成本消费者所占比例和商品位置对商家决策有着重要的影响，由此本章还分析了消费者结构的变化给商家决策带来的影响。

6.2　动态博弈均衡与价格竞争

6.2.1　两个商家的动态博弈

（1）斯塔克尔伯格模型

以古诺模型为开端，寡头垄断理论发展的重要里程碑之一是斯塔克尔伯格（Stackelberg）的领导者—追随者均衡（Friedman，1977），该模型在一个（2×2）矩阵中划分了双寡头市场，其中，每个公司要么是领导者，要么是追随者（见图 6 - 1）。追随者—追随者市场将形成纳什均衡，领导者—领导者（Ⅳ）的情况是一个极端不平衡的市场（Aubin & Pierre，1982），称为斯塔克尔伯格不平衡，剩下的两个市场（Ⅱ 和 Ⅲ）是最有趣的市场，将导致斯塔克尔伯格（领导者—追随者）均衡（Hanif et al.，1983）。斯塔克尔伯格模型，又称双寡头博弈模型或顺序行动模型，它实际上是一种经济战略博弈，博弈过程中领导者先行动，接着追随者根据领导者的策略顺序行动，行动的目标是最大化他们各自的利润。

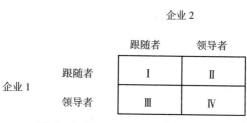

图 6 - 1　Stackelberg 双寡头市场

（2）企业进入市场顺序对竞争策略的影响

企业的进入顺序与市场份额之间存在着很强的经验联系（Robinson & Fornell，1985）。先驱者往往有更高的产品质量和更广泛的产品线，即使他们收取的价格与后来者相同。早期进入者如果成功的话会有更高的回报，但是他们有更高的新产品失败的风险（Lilien & Yoon，1990）。通过分析市场份额、定位和广告支出等指标在内的消费品数据库，探讨市场进入顺序对市场竞争的影响，学者发现后进入者如果销售一个平价产品，那么他们应计划比先进入者更少的销售量。如果后来者销售有特色的差异化产品和/或价格较低的产品，以及广告支出较大的产品，那么他们的市场预期可以超过先进入者。一般地，后进入企业一般会遭受长期的市场份额劣势（Korgaonkar，1992），将原有市场垄断地位的企业分为有远见的（unmyopic）、短视的（myopic）和惊讶的（surprised）三类。当新进入者进入市场，三类垄断者反应如下：远见垄断者的定价高于短视企业，而惊讶企业在垄断阶段定价过高，原因是短视垄断者总是对市场竞争估计过高，而惊讶垄断者对市场竞争估计不足（Eliashberg & Jeuland，1986）。

6.2.2 单个商家的动态定价

商家一般采用静态定价和动态定价两种定价方式，划分的依据是价格是否会随着时间推移而变化。一般地，商品投入市场后，商家总是根据时间推移、消费者反馈以及竞争对手的市场反应，考虑两阶段或多阶段的不同定价策略，动态定价模型表示价格随时间的变化，它的使用是消费者和商家、商家与商家之间相互博弈的结果。

6.2.2.1 两阶段定价

商家动态定价的部分原因是消费者提前或延迟进行商品购买，如消费者预计商品后期会热卖或缺货，则选择提前购买；消费者预计商品后期会降价销售，则发生延迟购买。消费者对未来销售或价格的预期，导致其理性地选择购买时机，这一特征行为称为消费者策略行为（Coase，1972）。随着网络信息的发达，消费者获得商品信息又快又准，其购买行为和购买时机更加理性且更有远见，越来越多的学者在研究企业定价策略时，考虑消费者的策略选择行为。

学者们一般采用动态定价模型来刻画消费者提前（或延迟）购买的行为。温斯顿（Winston，1990）在商品动态定价中首次加入了消费者的策略行为，通过垄断厂商和策略消费者之间的博弈确定商品的动态定价策略，结果表明将顾客策略行为考虑到商品定价模型中，将给企业带来 20% 的利润增加。刘晓峰和黄沛（2009）表明通过设定适当的库存数量可以有效减少顾客的延迟购买行为。杨慧等（2010）将市场上的消费者分为策略型和短视型两类，使用逆推法研究产品的两阶段动态定价模型，最后得出产品的最优价格路径。

6.2.2.2　新产品定价

新产品也采用动态定价作为一种常规的营销策略。企业引进新产品时，如果先定一个较高的初始价格，而后再降低价格，此为撇脂定价策略，反过来，如果先定低价后提高价格，这种价格策略称为渗透定价策略（Dean，1950；Kotler，1973；Baldauf & Dockner，2000）。撇脂定价刚开始只能吸引对商品估值较高的消费者，促使他们以高价格购买，降价后得到估值较低的消费者的购买，从而获得比平均价格更多的利润。而渗透定价策略的目标是一开始用低价吸引顾客，给消费者以质优价廉的心理感知以达到渗透市场的目的，当占据一定市场后再涨价，利用消费者的从众心理，从而获取更高的边际利润。

企业的定价策略与产品差异化程度、消费者价格敏感度、需求弹性等有关。产品差异化程度越高，价格比较将变得非常困难，甚至没有意义，此时商家可使用撇脂定价策略获得较高的边际利润（Jain，2012）。若消费者对价格敏感，商品的价格先低后高会降低消费者的购买热情，所以渗透定价策略不适用于消费者对价格较敏感的商品

（Schoell & Guiltinan，1992）。

实证研究表明，初始价格决定了消费者对商品的初始估值，会持续影响消费者后期的购买意愿，无论之后企业采用哪种定价策略，几乎无法改变消费者的初衷。若采用撇脂定价消费者会继续关注，但采用渗透定价策略，超过了消费者的初始估值，消费者将直接放弃（Slonim et al.，1999；Lowe et al.，2010）。因此，企业初始阶段对产品的定价可作为企业最优的价格策略（Fibich et al.，2003）。

若考虑到网络效应，购买此产品的消费者越多，则该产品对消费者的价值越大（Katz & Shapiro，1985），那么选择渗透价格策略对企业是最优的。先期采用较低的价格激励更多的消费者在第一阶段购买，由于网络效用的存在，后期将会增加潜在消费者购买的效用（Lee & O'Connor，2003）。

本章中的动态定价不同于以上提到的两阶段定价和新企业进入的情形，而是以商家的竞争进程作为划分的标准，当新商家进入市场时，两个商家采取的竞争为领导者—追随者博弈定价，将此阶段视为竞争的第一阶段，随着竞争的深入，两个商家都有了自己的客户群，此时采取同时博弈定价策略，此时为竞争的第二阶段。由此形成了不同竞争模式下，商家在不同阶段的动态定价。

6.2.3 动态价格竞争与产品差异

大多学者认为价格是最灵活的，所以在短期内，竞争者根据新企业的进入调整价格，而其他策略如产品重新定位等策略将在长期内实施（Gabszewicz，1986）。其实不然，在自动化和高技术的生产领域，产品质量问题渗透到企业的各个层次并对现代企业的生存与发展至关重要。在供应方面，商品的单位成本沿着学习曲线下降，或者随着质量的提高而增加，企业希望根据单位成本的变化来确定商品的单价和质量水平的变化。在需求侧，动态需求与价格、质量以及累计销售有关。在某些特定条件下，较高的价格确实意味着更高的质量，而在其他条件下，随着时间的推移，最优价格会下降，而产品质量则会提高（Teng & Thompson，1996）。

消费者的策略行为（消费者对下一期商品的期望效用与本期的商品效用比较后，可能会产生延期购买，这样的消费者称为策略型消费者，与本书中消费者策略性搜索行为不同）对质量差异化企业具有非对称效应。随着消费者策略行为的提高，产品质量不同的两个商家的利润都会减少，但低质量企业将遭受比高质量企业更大的损失。此外，任何一家企业对静态定价作出单方面承诺，两家企业的利润都有所提高。有趣的是，高质量企业的承诺定价带来的利润上升更多（Liu & Zhang，2013）。在此书中，决定消费者购买行为的两个关键因素为质量差异化和消费者理性。质量差异化以低质量产品与高质量产品的质量比来衡量，消费者理性使用消费者折扣因子来测度。

在线市场竞争环境变化迅速，在线商家必须时刻变更产品定位、价格等策略来应对对手各方面的竞争。本章除了将价格和质量纳入竞争决策模型中，还加入了商品位置策略，另外，消费者的搜索行为方式及搜索策略也对在线商家的竞争策略产生影响。

6.3　策略空间与模型假设

如前文的分析，在激烈的在线市场竞争中，新进入商家要想求得生存，产品差异和位置策略都是十分重要的工具和手段。在线商家的策略空间从一维价格空间（Moulin，1982；Friedman，1977）推广至多维策略空间，定义一个商家博弈的策略空间 $\Omega \times \Phi \times \Theta$，其中 $\Omega =$ ｛位置 1，位置 2｝表示位置策略空间，Φ 表示连续的价格区间，Θ 表示质量选择空间，具体为 $[0, 1]$ 区间。令 $\pi_1(\cdot)$ 和 $\pi_2(\cdot)$ 分别表示两个商家在策略空间上的利润函数，$x_1 \in X_1 \subseteq \Omega \times \Phi \times \Theta$，$x_2 \in X_2 \subseteq \Omega \times \Phi \times \Theta$ 分别为商家 1 和 2 的策略，称 $x^* = (x_1^*, x_2^*)$ 为两个商家动态博弈的斯塔克尔伯格均衡当满足以下条件：

①$\pi_1(x_1^*, x_2^*) \equiv \pi_1(x_1^*, x_2^*(x_1^*)) \geqslant \pi_1(x_1^*, x_2^*(x_1))$, $\forall x_1 \in X_1$

②$x_2^*(x_1) = \underset{x_2 \in X_2}{\operatorname{argmax}} \pi_2(x_1, x_2)$

即商家 2 对商家 1 的策略 x_1 做出最优反应决策 $x_2^*(x_1)$，商家 1 预测到商家 2 的决策最终根据利润最大化原则决定自己的最优决策 x_1^*。

1）关于消费者的假设

假设消费者对所需产品进行有序搜索，消费者分为高搜索成本和低搜索成本两类，其中高搜索成本的消费者比例为 $\alpha(0 < \alpha \leqslant 1)$，他们只点击位于第一位的商品，剩余 $1-\alpha$ 的消费者两个商品都点击，表明 α 的消费者因具有较高的搜索成本搜索范围小，$1-\alpha$ 的消费者将产品依次点击完再做选择。

2）关于商品估值的假设

考虑两个商家生产具有质量差异的产品，θ_h 表示高质量，θ_l 表示低质量且 $0 \leqslant \theta_l \leqslant \theta_h \leqslant 1$，消费者对两个产品的初始效用评价随质量系数变化而变化。因此，消费者购买高质量产品和低质量产品获得的效用分别为 $u_h = \theta_h v - p_h$ 和 $u_l = \theta_l v - p_l$。根据消费者效用估值大小，处于不同位置的两个商家的需求分别为：

$$q_h^1 = \alpha(1 - p_h^1/\theta_h) + (1-\alpha)Q_h, \quad q_l^2 = (1-\alpha)Q_l$$

$$q_l^1 = \alpha(1 - p_l^1/\theta_l) + (1-\alpha)Q_l, \quad q_h^2 = (1-\alpha)Q_h$$

其中，

$$Q_h = \begin{cases} 1 - \dfrac{p_h - p_l}{\theta_h - \theta_l} & \dfrac{p_l}{\theta_l} \leqslant \dfrac{p_h}{\theta_h} \\[4mm] 1 - \dfrac{p_h}{\theta_h} & \text{其他} \end{cases} \qquad Q_l = \begin{cases} \dfrac{p_h - p_l}{\theta_h - \theta_l} - \dfrac{p_l}{\theta_l} & \dfrac{p_l}{\theta_l} \leqslant \dfrac{p_h}{\theta_h} \\[4mm] 0 & \text{其他} \end{cases}$$

3）领导者—追随者博弈过程

第一步，领导者决定产品价格和质量；第二步，追随者观察到领导者的决策后确定其自身的最优反应策略，包含产品质量和位置选择和产品定价。两个商家先后进入市场的动态博弈过程见图 6 - 2。

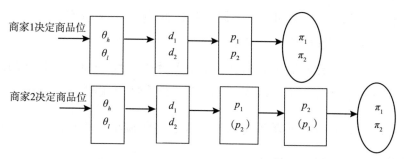

商家1决定商品位 → $\begin{matrix}\theta_h\\\theta_l\end{matrix}$ → $\begin{matrix}d_1\\d_2\end{matrix}$ → $\begin{matrix}p_1\\p_2\end{matrix}$ → $\begin{matrix}\pi_1\\\pi_2\end{matrix}$

商家2决定商品位 → $\begin{matrix}\theta_h\\\theta_l\end{matrix}$ → $\begin{matrix}d_1\\d_2\end{matrix}$ → $\begin{matrix}p_1\\(p_2)\end{matrix}$ → $\begin{matrix}p_2\\(p_1)\end{matrix}$ → $\begin{matrix}\pi_1\\\pi_2\end{matrix}$

图 6 - 2　同时定价和先后定价博弈结构式

资料来源：笔者根据研究内容绘制。

6.4　模 型 构 建

同传统市场一样，在线市场随时会出现新旧更替，甚至更为频繁。新的商家参与到市场竞争中包含两种情况：一种是高质量商家已存在，低质量商家后进入市场，如某奢侈品牌的手提包质量好价格高，但总存在一部分消费者愿意购买此品牌的高仿产品。因而，低质量商家总有一定的市场空间，甚至会比高质量商家获得更大的市场份额；另一种是低质量商家一直主导市场，另一商家依靠技术进步生产出更优质量的产品后进入市场，如某产品的升级或更新换代。下面本书将讨论一个支配商家首先定价，另一个商家跟随，两个商家的最优定价和位置选择问题。记 p_i^j，q_i^j，π_i^j 分别为商家 $i(i=h,\ l)$ 在位置 j 的价格、销量和利润。

6.4.1　高质量商家为领导者

（1）价格竞争

在高低质量并存的竞争格局下，高质量商家为领导者，先决定商品的价格和质量，低质量商家在获得领导者的决策信息后，再根据此信息做出相应的价格反应。以下分别考虑低质量商家在不同位置下的最优定价策略，随后再根据不同位置利润无差异时确定位置出价，从而最终确定商家的位置决策。

情形一：若低质量商家（追随者）不争取第一位，在其观测到高质量商家（领导者）的定价 p_h 后，低质量商家最优反映函数为 $p_l^2 = \dfrac{\theta_l}{2\theta_h}p_h^l$，此时根据斯塔克尔伯格双头垄断模型计算得到商家的均衡价格、销量和利润如下：

$$p_h^1 = \frac{\theta_h(\theta_h - \theta_l)}{2\theta_h - \theta_l - \alpha\theta_l}, \quad p_l^2 = \frac{\theta_l(\theta_h - \theta_l)}{2(2\theta_h - \theta_l - \alpha\theta_l)}$$

$$q_h^1 = \frac{1}{2}, \quad q_l^2 = \frac{\theta_h(1-\alpha)}{2(2\theta_h - \theta_l - \alpha\theta_l)}$$

$$\pi_h^1 = \frac{\theta_h(\theta_h - \theta_l)}{2(2\theta_h - \theta_l - \alpha\theta_l)}, \quad \pi_l^2 = \frac{\theta_h\theta_l(1-\alpha)(\theta_h - \theta_l)}{4(2\theta_h - \theta_l - \alpha\theta_l)^2}$$

情形二：若低质量商家追逐第一位，这里假设高质量商家在这一阶段不作出回应，则低质量商家的最优反应函数为：$p_l^1 = \dfrac{\theta_l}{2(\theta_h - \alpha\theta_l)}$ $[\alpha(\theta_h - \theta_l) + (1-\alpha)p_h^2]$，此时价格、销量和对应的利润如下：

$$p_l^1 = \frac{\theta_l(\theta_h - \theta_l)(2\theta_h(\alpha+1) - \alpha\theta_l(3+\alpha))}{4(2\theta_h - \theta_l - \alpha\theta_l)(\theta_h - \alpha\theta_l)},$$

$$p_h^2 = \frac{(2\theta_h - \alpha\theta_l)(\theta_h - \theta_l)}{2(2\theta_h - \theta_l - \alpha\theta_l)}$$

$$q_l^1 = \frac{2\theta_h(\alpha+1) - \alpha\theta_l(3+\alpha)}{4(2\theta_h - \theta_l - \alpha\theta_l)}, \quad q_h^2 = \frac{(2\theta_h - \alpha\theta_l)(1-\alpha)}{4(\theta_h - \alpha\theta_l)}$$

$$\pi_l^1 = \frac{\theta_l(\theta_h - \theta_l)[2\theta_h(\alpha+1) - \alpha\theta_l(3+\alpha)]^2}{16(\theta_h - \alpha\theta_l)(2\theta_h - \theta_l - \alpha\theta_l)^2},$$

$$\pi_h^2 = \frac{(2\theta_h - \alpha\theta_l)^2(1-\alpha)(\theta_h - \theta_l)}{8(2\theta_h - \theta_l - \alpha\theta_l)(\theta_h - \alpha\theta_l)}$$

经验证，只有当 $\dfrac{\theta_l}{\theta_h} < -\dfrac{1}{4} + \dfrac{3}{4\alpha} - \dfrac{\sqrt{\alpha^2 + 10\alpha - 7}}{4\alpha}$ 时，才满足条件

$\dfrac{p_l^1}{\theta_l} < \dfrac{p_h^2}{\theta_h}$，即 $\theta_1 < \theta_2$

当 $-\dfrac{1}{4} + \dfrac{3}{4\alpha} - \dfrac{\sqrt{\alpha^2 + 10\alpha - 7}}{4\alpha} < \dfrac{\theta_l}{\theta_h} < 1$ 时，$p_l^1 = \dfrac{\theta_l}{2}$，$p_h^2 = \dfrac{\theta_h}{2}$；$q_l^1 =$

$\dfrac{\alpha}{2}$，$q_h^2 = \dfrac{1-\alpha}{2}$；$\pi_l^1 = \dfrac{\theta_l \alpha}{4}$，$\pi_h^2 = \dfrac{\theta_h(1-\alpha)}{4}$

（2）质量选择

对于情形一，两个商家的利润函数分别对质量系数求偏导数，可得高质量商家的最优质量为 1，低质量商家位于第二位的最优质量选择为 $\theta_l = \dfrac{2}{3-\alpha}$，此时，两个商家的利润分别为 $\pi_h^1 = \dfrac{1}{8}$，$\pi_l^2 = \dfrac{1}{32}$。

对于情形二，当 $\dfrac{\theta_l}{\theta_h} < -\dfrac{1}{4} + \dfrac{3}{4\alpha} - \dfrac{\sqrt{\alpha^2 + 10\alpha - 7}}{4\alpha}$ 时，高质量商家的最优质量为 1，低质量商家的最优质量选择为 $\theta_l^* = \theta(\alpha)$（表 6 - 1 为质量选择的部分结果），此时，两个商家的利润分别为：

$$\pi_l^1 = \frac{\theta_l^*(1-\theta_l^*)[2(\alpha+1) - \alpha\theta_l^*(3+\alpha)]^2}{16(1-\alpha\theta_l^*)(2-\theta_l^* - \alpha\theta_l^*)^2},$$

$$\pi_h^2 = \frac{(2-\alpha\theta_l^*)^2(1-\alpha)(1-\theta_l^*)}{8(2-\theta_l - \alpha\theta_l^*)(1-\alpha\theta_l^*)}$$

当 $-\dfrac{1}{4} + \dfrac{3}{4\alpha} - \dfrac{\sqrt{\alpha^2 + 10\alpha - 7}}{4\alpha} < \dfrac{\theta_l}{\theta_h} < 1$ 时，高质量商家的最优质量为 1，低质量商家的最优质量选择接近 1，即尽量减少与高质量商家的质量差距，此时的利润为 $\pi_l^1 = \dfrac{\theta_l \alpha}{4}$，$\pi_h^2 = \dfrac{1-\alpha}{4}$。

表 6 – 1 最优质量选择部分结果

a	0.10	0.15	0.20	0.25	0.30	0.35	0.40	0.45	0.50	0.55	0.60	0.65
s	0.67	0.672	0.675	0.679	0.683	0.687	0.692	0.698	0.705	0.7131	0.7221	0.7325

资料来源：笔者根据计算结果整理。

（3）位置竞价

当 $\frac{\theta_l}{\theta_h} < -\frac{1}{4} + \frac{3}{4\alpha} - \frac{\sqrt{\alpha^2 + 10\alpha - 7}}{4\alpha}$ 时，两个商家位于第一位的利润都高于第二位的利润，因此都对第一位进行出价。按照均衡出价策略，他们的出价分别是

$$b_h^* = \frac{\alpha(1 - \theta_l)(4 - 4\alpha\theta_l - \alpha\theta_l^2(1 - \alpha))}{8(1 - \alpha\theta_l)(2 - \theta_l - \alpha\theta_l)}$$

$$b_l^* = \frac{\alpha\theta_l(1 - \theta_l)(12 - 4\alpha\theta_l(\alpha + 5) + 4\alpha - 8\theta_l + \alpha\theta_l^2(9 + 6\alpha + \alpha^2))}{16(1 - \alpha\theta_l)(2 - \theta_l - \alpha\theta_l)^2}$$

通过比较发现，$b_h > b_l$，在此情况下高质量商家赢得第一位。

当 $-\frac{1}{4} + \frac{3}{4\alpha} - \frac{\sqrt{\alpha^2 + 10\alpha - 7}}{4\alpha} < \frac{\theta_l}{\theta_h} < 1$ 且 $\frac{\theta_l}{\theta_h} > \frac{2\alpha}{1 + \alpha^2}$ 时，高质量商家放弃首位，这与第 5 章的结论类似，当 $-\frac{1}{4} + \frac{3}{4\alpha} - \frac{\sqrt{\alpha^2 + 10\alpha - 7}}{4\alpha} < \frac{\theta_l}{\theta_h} < \frac{2\alpha}{1 + \alpha^2}$ 时，随着低质量商家逐渐提高质量，与高质量商家的质量差异逐渐减小，低质量商家在该部分赢得位置竞争的区域将越来越大，见图 6 – 3。

6.4.2 低质量商家为领导者

低质量商家为领导者，高质量商家选择不同的位置，得到的均衡结果见表 6 – 2：

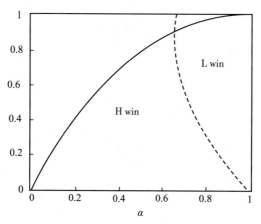

图 6 - 3 位置竞争结果示意图

资料来源：笔者根据计算结果绘制。

表 6 - 2 低质量商家主导，高质量商家跟随

高质量商家第一位	价格	$p_h^1 = \dfrac{(\theta_h - \theta_l)(4\theta_h - \theta_l - 3\alpha\theta_l)\theta_h}{4(2\theta_h - \theta_l - \alpha\theta_l)(\theta_h - \alpha\theta_l)}$, $p_l^2 = \dfrac{(\theta_h - \theta_l)\theta_l}{2(2\theta_h - \theta_l - \alpha\theta_l)}$	
	销量	$q_h^1 = \dfrac{4\theta_h - \theta_l - 3\alpha\theta_l}{4(2\theta_h - \theta_l - \alpha\theta_l)}$, $q_l^2 = \dfrac{(1-\alpha)\theta_h}{4(\theta_h - \alpha\theta_l)}$	
	利润	$\pi_h^1 = \dfrac{(\theta_h - \theta_l)(4\theta_h - \theta_l - 3\alpha\theta_l)^2\theta_h}{16(2\theta_h - \theta_l - \alpha\theta_l)^2(\theta_h - \alpha\theta_l)}$, $\pi_l^2 = \dfrac{(1-\alpha)(\theta_h - \theta_l)\theta_l\theta_h}{8(2\theta_h - \theta_l - \alpha\theta_l)(\theta_h - \alpha\theta_l)}$	
	质量选择	$\theta_h = 1$, $\theta_l = \dfrac{2 - \sqrt{2(1-\alpha)}}{1 + 2\alpha - \alpha^2}\theta_h$	
		$\dfrac{\theta_l}{\theta_h} < \dfrac{2(1-\alpha)}{1+\alpha}$	$\dfrac{\theta_l}{\theta_h} > \dfrac{2(1-\alpha)}{1+\alpha}$

高质量 商家 第二位	价格	$p_l^1 = \dfrac{(\theta_h - \theta_l)(1+\alpha)\theta_l}{2(2\theta_h - \theta_l - \alpha\theta_l)}$ $p_h^2 = \dfrac{(\theta_h - \theta_l)(4\theta_h - \theta_l - \alpha\theta_l)}{4(2\theta_h - \theta_l - \alpha\theta_l)}$	$p_l^1 = \dfrac{\theta_l}{2}$, $p_h^2 = \dfrac{\theta_h}{2}$
	销量	$q_l^1 = \dfrac{1+\alpha}{4}$, $q_h^2 = \dfrac{(1-\alpha)(4\theta_h - \theta_l - \alpha\theta_l)}{4(2\theta_h - \theta_l - \alpha\theta_l)}$	$q_l^1 = \dfrac{\alpha}{2}$, $q_h^2 = \dfrac{1-\alpha}{2}$
	利润	$\pi_l^1 = \dfrac{(\theta_h - \theta_l)(1+\alpha)^2\theta_l}{8(2\theta_h - \theta_l - \alpha\theta_l)}$ $\pi_h^2 = \dfrac{(1-\alpha)(\theta_h - \theta_l)(4\theta_h - \theta_l - \alpha\theta_l)^2}{16(2\theta_h - \theta_l - \alpha\theta_l)^2}$	$\pi_l^1 = \dfrac{\theta_l\alpha}{4}$, $\pi_h^2 = \dfrac{\theta_h(1-\alpha)}{4}$
	质量选择	$\theta_h = 1$, $\theta_l = \dfrac{2 - \sqrt{2-2\alpha}}{1+\alpha}\theta_h$	$\theta_h = 1$, θ_l 接近 1

资料来源：笔者根据计算结果绘制。

类似6.4.1的分析过程，当 $\dfrac{\theta_l}{\theta_h} < \dfrac{2(1-\alpha)}{1+\alpha}$ 时，高质量商家的均衡

出价为 $b_h = \dfrac{\alpha(1-\theta_l)(16 - \theta_l(24\alpha + 3\theta_l - 8) + \theta_l^3(1 + \alpha - \alpha^2 - \alpha^3) + \alpha\theta_l^2(10 + 9\alpha))}{16(1 - \alpha\theta_l)(2 - \theta_l - \alpha\theta_l)^2}$，低质量商家的均衡

出价为 $b_l = \dfrac{\alpha\theta_l(1-\theta_l)(3 + \alpha - \theta_l - \alpha\theta_l(2-\alpha))}{8(1 - \alpha\theta_l)(2 - \theta_l - \alpha\theta_l)}$，高质量商家的均衡

出价高于低质量商家赢得第一位；当 $\dfrac{\theta_l}{\theta_h} > \dfrac{2(1-\alpha)}{1+\alpha}$ 时，某些情况下高

质量商家位于第二位的利润高于第一位的利润，会主动放弃位置竞

争。其他情况下，低质量商家的出价和高质量商家出价为：

$$b_l^{**} = \dfrac{\theta_l(2\alpha^2\theta_l^2(\alpha+1) - 3\alpha\theta_l(2\alpha+1) + 5\alpha + \theta_l - 1)}{8(1-\alpha\theta_l)(2-\theta_l-\alpha\theta_l)}$$

$$b_h^{**} = \dfrac{\theta_l(5\theta_l - 32\alpha^2 - 8\alpha) - \theta_l^3(1 + 2\alpha + 5\alpha^2 + 4\alpha^3 + 4\alpha^4) + \alpha\theta_l^2(20\alpha^2 + 13\alpha + 10) + 16\alpha - 8\theta_l}{16(1-\alpha\theta_l)(2-\theta_l-\alpha\theta_l)^2}$$

6.5　结果分析与比较

6.5.1　随参数的变化

（1）高质量商家主导

当 $\dfrac{\theta_l}{\theta_h} < -\dfrac{1}{4} + \dfrac{3}{4\alpha} - \dfrac{\sqrt{\alpha^2 + 10\alpha - 7}}{4\alpha}$ 时，即高质量商家赢得第一位，其价格、销量和利润不随 α 改变，而位于第二位的低质量商家价格随 α 增大而上升，销量随 α 增大而下降，利润不随 α 改变。总体上，高质量的价格、销量和利润都优于低质量商家。此时，低质量商家的最优质量选择随着 α 的增大而提高，见图 6 - 4a。

当 $-\dfrac{1}{4} + \dfrac{3}{4\alpha} - \dfrac{\sqrt{\alpha^2 + 10\alpha - 7}}{4\alpha} < \dfrac{\theta_l}{\theta_h} < 1$ 时，低质量商家赢得第一位，其价格只与质量系数有关，与 α 无关；销量随 α 增大而上升，表明高搜索成本的消费者越多，低质量商家的销量越高；利润也随之增大。位于第二位的高质量商家的价格也只与其质量系数有关，与 α 无关，且高质量商家的价格总是高于低质量商家的价格；销量和利润都随着 α 的增加而减少，且都少于低质量商家，见图 6 - 4b。

另外，无论哪个商家在列表首位，两个商家的质量选择和位置出价都随着 α 的增大而增加。虽然市场上商家都是以利润为最终目标，但对于刚进入在线市场的新商家，牺牲一定的利润来获得销量的积累，也是非常必要的网络营销手段。因此，当 $\dfrac{\theta_l}{\theta_h} < -\dfrac{1}{4} + \dfrac{3}{4\alpha} - \dfrac{\sqrt{\alpha^2 + 10\alpha - 7}}{4\alpha}$ 时，以利润比较出价，低质量商家将失去列表首位，但为了积累销量，低质量商家在保证利润为正的前提下，出价只要比

b_h^* 多一点便可赢得第一位获得销量冠军，且从消费者结构来看，高搜索成本的消费者比例越大，低质量商家销量越高。

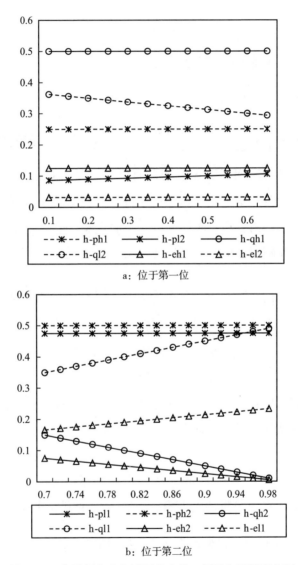

a：位于第一位

b：位于第二位

图 6 - 4　高质量商家主导下的定价、销量和利润变化图

资料来源：笔者根据计算结果绘制。

（2）低质量商家主导

低质量商家主导时，通过计算得到与高质量商家主导相似的结论，两个商家的价格、销量和利润随 α 的变化见图 6-5。

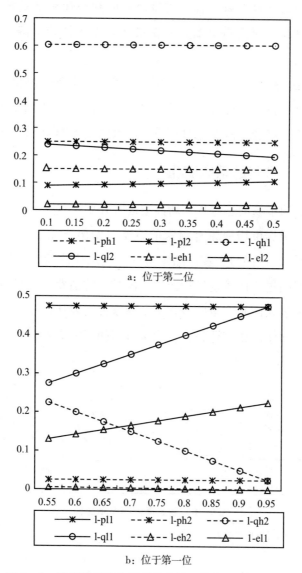

a：位于第二位

b：位于第一位

图 6-5　低质量商家主导下的定价、销量和利润变化图

资料来源：笔者根据计算结果绘制。

从以上两幅图可以看出，高质量商家赢得第一位时，其价格、销量和利润都高于位于第二位的低质量商家，且随着 α 的增加，商家各变量变化都不大。而低质量商家赢得第一位时，其价格、销量和利润也都高于高质量商家，且低质量商家的利润和销量随着 α 的增大都大幅度提高，而高质量商家的销量随 α 增大快速下降，价格和利润变化不大。

同样地，高质量商家在保证利润为正的前提下，出价只要比 b_l^{**} 多一点便可赢得第一位获得销量冠军。然而，从消费者结构来看，高搜索成本的消费者比例变化对高质量商家销量无影响。

6.5.2 市场的动态变化

本章中的市场动态过程从新商家进入开始。首先，新的商家进入在线市场，根据市场中原有商家的策略，做出产品定位（这里主要指质量选择），产品位置和产品定价的最优反应决策，之后消费者观察并点击产品进行比较选择；经过一段时间的消费选择行为，新商家与原有商家进入同时竞争阶段，两个商家都需要从产品定位、产品位置和价格方面做出相应调整；之后又有新的商家进入，如此周而复始循环下去，见图 6-6。

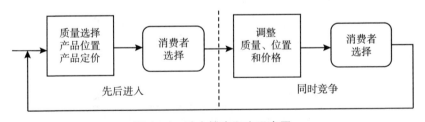

图 6-6 动态博弈顺序示意图

资料来源：笔者根据研究内容绘制。

依据在线市场的动态竞争过程，将商家先后进入市场视为第一阶段，随着竞争的深入两个商家同时竞争视为第二阶段（见第 5 章）。

商家的价格，销量和利润随阶段变化如图 6 - 7 和图 6 - 8：

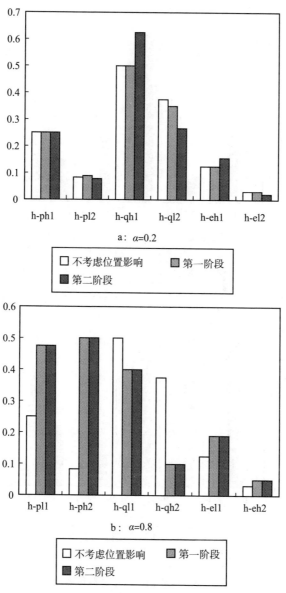

图 6 - 7　高质量商家主导阶段变化

资料来源：笔者根据计算结果绘制。

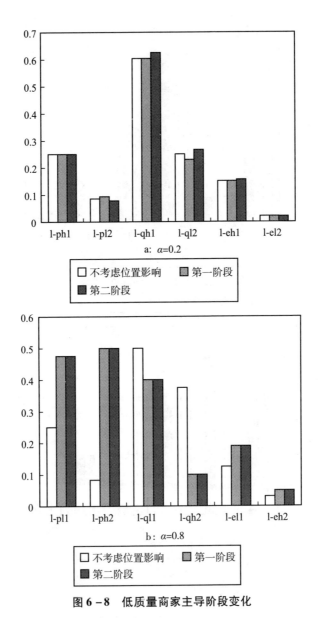

图 6 - 8　低质量商家主导阶段变化

资料来源：笔者根据计算结果绘制。

（1）阶段变化

当低质量商家赢得第一位，见图 6 - 7b 和图 6 - 8b，价格、销量和利润在竞争的两个阶段都不会改变，且两个商家的定价都高于高质量商家位于第一位时，同时低质量商家获得更好的销量和利润。

如果低质量商家后进入没有赢得首位，见图 6 - 7a，那么低质量商家即使在第二阶段降低价格，其销量和利润还是有所下跌，高质量商家虽然价格没有改变，但低质量商家的进入对其却没有产生负面冲击，销量和利润反而有所上升。

如果高质量商家后进入赢得了列表首位，见图 6 - 8a，则从第一阶段到第二阶段高质量商家的价格不变，销量和利润仅有小幅度提高，而低质量商家以降价为代价换来销量少量的提升，利润并未改变。

综上，无论何种情况，随着竞争的深入，两个商家都未出现涨价的情况，这也是符合市场规律和现实情况的，一旦商家采用降价措施就很难涨价或者调回原价，不难猜测，消费者如果低价能够买到，那么就不会选择高价购买，宁愿等待降价或者转向其他商家。

（2）位置影响

图 6 - 7a 中，$\alpha = 0.2$ 表示高搜索成本的消费者比例较小，此时若高质量商家赢得商品列表第一位，低质量商家后进入，位置在第一阶段对高质量商家没有影响，在第二阶段，首位对高质量商家产生正效应，使得高质量商家的销量和利润都有所提高；由于部分高搜索成本消费者的存在和位置的劣势，低质量商家的销量持续下跌，降价销售也未能挽回局面。图 6 - 8a 中，高质量商家后进入市场但赢得了位置竞争的胜利，同样地，首位使得高质量商家销量和利润增加，而低质量商家位置的劣势使其销量有所减少，随着后期降价，销量有所提升，挽回了利润损失。

比较图 6 - 7b 和图 6 - 8b 发现，当 $\alpha = 0.8$ 时无论高质量商家首先进入市场还是低质量商家先进入，他们在价格、销量和利润方面都没有因进入市场先后顺序的改变而发生变化，说明商家进入市场的先后顺序不会影响商家的定价、位置决策及市场表现。图中 $\alpha = 0.8$ 表示高搜索成本的消费者比例较大，大部分消费者受搜索成本的限制只浏览第一位的产品，此时低质量商家赢得商品列表第一位，两个商家都提高价格销售，虽然销量迅速下降，但利润比起不考虑位置的影响时都有所提高。此时，商家抓住消费者不愿花时间搜索更多选项的心理，提高价格留住高搜索成本消费者，即使销量降低也能获得可观的收益。

6.6 本 章 小 结

在竞争激烈的在线市场，新旧商家交替出现，形成一种动态的竞争环境是在线市场普遍存在的现象。商家需要关注市场环境的动态变化，掌握竞争对手的动态策略，对商品价格和质量进行实时调整，还要深刻认识到商品位置对市场竞争的影响。本章在第5章的基础上，进一步探讨商品位置对消费者需求的影响，研究新商家进入的初始阶段，新旧商家在质量、价格和商品位置三个方面的决策，随着竞争的深入，进入两个商家同时竞争的阶段，两个商家在以上策略方面的变化。

通过对在线市场动态竞争过程的研究发现，如果市场上已存在高质量商家的产品，质量差的商家后进入市场，随着竞争的深入低质量商家降价销售，且销量和利润都减少。而高质量商家面对后进入的竞争并未受到负面影响，相反在价格不变的情况下，销量和利润都有所上升。只有当高搜索成本消费者有相当比例时，低质量商家才能赢得商品列表第一位，此情况下两个商家的价格、销量和利润在两个阶段都没有变化。

类似地，如果市场上原本存在的是低质量商家，质量更好的商家后进入市场，随着竞争的深入高质量商家价格不变，销量和利润都有小幅度提升，即高质量商家被消费者接受逐步占领市场，而低质量商家面对新来的竞争对手，通过降价发展了一小部分客户，保持住了原有的利润。同样当高搜索成本消费者有相当比例时，低质量商家才能赢得商品列表第一位，此时两个商家的价格、销量和利润没有改变。

综上，商家应充分认识到竞争对手的出现对市场竞争环境的影响，面对不同对手的竞争采取相应的策略，综合把握产品价格、质量及商品位置的互相作用，增加自身竞争力，选择适合自身持续发展的最佳途径。

▶ 第 7 章 ◀

搜索广告下的平台监管与治理

本章作为全书的最后一章，将研究视角转至平台，探讨平台位置监管的权利和责任，从整个平台生态系统平衡发展的协调机制具体到广告层面平台位置监管措施，通过对前面章节模型的分析与总结，对商家和平台给出具体的管理建议。

7.1 广告层面平台监管体系构建

7.1.1 监管责任和权利

从市场主体角度讲，平台具有"企业—市场的双重身份"。平台型组织并非信息时代独有的产物，例如集市、商场、交易所等都是平台型组织的典型代表。从运营原理上讲，平台的功能不是生产或销售特定种类的商品，而是为平台用户（买方与卖方、委托方与受托方、商家与消费者）之间交换商品、服务和信息等提供的交易场所。可以看出，平台既具有企业的性质，也具有市场的功能。作为平台型组织的一个分支，电子商务平台企业发挥的功能与传统平台并无不同。同时，得益于互联网技术的发展与普及，电子商务平台收集信息、处理信息、传递信息的成本大大减少，促使其得以突破运营成本、交易成本的桎梏，从而形成规模和影响力远超线下企业的巨型平台。随着平台规模的扩大，其对所处行业、市场、利益关联企业的影响力不断上升。

当市场上最终出现例如"淘宝""美团"等在细分市场拥有支配地位或能力的企业时，平台的市场功能也愈发显著。平台开始自觉或不自觉地承担起作为市场主体的职责与义务，采取各种技术措施和管理规则，维护平台内市场交易安全与秩序。如第三方支付模式的搭建，无理由退货制度的实施，运费险的使用，商家等级制度的建立等，都体现出平台经营者在平台市场运营和管理中总结出的经验智慧。作为"经营市场"的企业，电商平台在维护市场良好有序运行方面的能力与能动性是值得肯定的。

从监管角度分析，电子商务平台同时具有"企业—监管者"的双重身份。电子商务平台作为企业主体，与其他线上线下企业一样，需要受到市场监督管理部门、税务部门等的监督管理。与此同时，平台也作为上述行政部门的协助机构，对平台用户和平台内经营者进行监督和管理。电子商务平台的监管属性主要体现在以下两个方面：一方面，平台在收集市场主体信息和交易信息时具有天然优势。平台企业作为信息交易的中介和场所，能够掌握所有接入平台的用户与经营者的基本信息；作为交易的实际发生场所，平台也有能力记录并保存平台内部发生的交易数据。另一方面，平台企业作为电子交易的经营场所，掌握着所有内部用户的准入管理权，通过技术手段，平台能够决定用户能否进入平台、能否进行交易、能否发布信息，甚至暂时或永久冻结用户的账户。这种能力是电子商务平台监管者身份的保障与体现，使其能够有效维护平台内部交易秩序。以上两点共同决定了电子商务平台企业的管理者身份，具有监管商家、商品交易及相关服务的权利和责任。

结合上述分析，可以看出平台同时具有企业、市场、监管者三重身份特性，不同主体的身份特性意味着其在社会中承担不同的角色和社会责任。但在此部分，我们探讨平台作为商品位置的所有者和管理者，应承担位置广告的决策权和由此可能产生的相关权利和责任，如信息真实性问题。

在电子交易过程中，消费者难以有效获取商品真实信息和卖家身份信息。电子交易非接触性的特质使得消费者仅能通过经营者公布的文字、图片、视频等介绍获取商品信息，而上述介绍信息均由卖家提供，其真实性和完整性难以得到完全保障。在整个交易过程中，买卖双方均以虚拟身份进行交流，隔着互联网的"帷幕"，买家难以获取卖家的真实身份和信誉状况，难以通过企业规模、经营状态、员工素质等方面判断卖家的信用水平。同时，卖家也难以获取买家的真实情况，无法判断其偿付能力。信息失真的可能性变大意味着交易双方风险的增大。在买卖双方无法独立获取真实信息的情况下，作为第三方的电子商务平台，具有传递信息、掀开"帷幕"的能力。由电子商务平台承担收集并传递交易双方真实信息的工作，是合理且高效的。

7.1.2 平台监管切入点——商品位置

在线商品位置研究在学术界应该算是一个比较新的研究领域。虽然自搜索引擎诞生起，就有大量的学者研究商品排序问题（徐金雷和杨晓江，2006；杨思洛，2005；Sergey & Lawrence，1998；Haveli-wala，2003；Bharat & Mihaila，2001；Lempel & Moran，2000），但仅仅局限于算法的设计与改良，目标是为了与用户的搜索更好地匹配，后来搜索引擎引入了付费搜索业务，搜索结果页面的排序问题进入了一个崭新的研究方向。学者们将位置作为一种特殊拍卖品，开始热衷于商品位的竞价排名机制研究，提出了各种出价规则和支付机制（姜晖等，2009；Edelman，2007；Varian，2007；汪定伟，2011；殷红，2014），为搜索引擎的成功做出了巨大的贡献。将搜索引擎中的付费搜索理念引入电子商务平台，当商家愿意为获得某一商品位置支付一定的费用，平台对商品位置收取费用时，位置的价值便产生了。

在线商品位置作为一种特殊商品，如飞机票、电影票一样，拥有时效性、排他性和价值递减特征。商家对位置付费的预算发生变化、平台对位置竞价规则有所改变、其他商家对位置给出了更高的出价等，都会导致商家位置的变更，因而商家对某个位置的占有是有一定时效的。排他性特征显而易见，当某个商家占有某个商品位时，其他商家就不能拥有该位置资源了。位置越靠前，商品被选中的概率越大，这是消费者有序和有限搜索直接造成的结果，同时也使得在线商品位置的价值随着位置的下降而递减。

依据前文研究结果，不同的位置对不同的商家带来的价值不尽相同，商品列表中的各个商品位置被赋予经济价值，成为商家、消费者和平台三方利益交汇点，商品位置随即被纳入平台监管范围。

7.2　平台生态系统协调机制

一个健康、有竞争力的电子商务生态系统，需要建立一定的协调机制，把不同的"物种"成员集成在一起，彼此之间展开良好的合作，最终实现电子商务各"物种"成员的生态共建，生态共生以及在此基础上的价值创造、价值共享和共同进化（谌贻庆和吴春尚，2006）。

领导种群作为电子商务生态系统的核心企业，既为电子商务提供交易平台，也是整个生态系统的领导者和管理者，它对生态系统资源整合和成员协调起到不可替代的作用。不仅需要协调电子商务生态系统中各成员之间的信任关系，调整与完善系统规则以及共同体内部结构，而且需要为生态系统各成员合理利益分配模式的逐渐形成做出贡献，并且尽可能减少组织与组织间的边界，实现各成员、各种群间的信息共享和有效合作。因此，领导种群可以从关系、利益、信息、运作四个方面建立电子商务生态系统的协调机制。

（1）关系协调机制

各成员间信任关系的建立是关系协调机制最主要的部分。建立各成员间信任关系主要有三种方法，首先是基于契约的信任关系，即基于利益目标建立的一种契约关系，如果私自违背契约将会受到惩罚；其次是基于信誉的信任关系，系统成员间的信任建立在成员的信誉或者关键种群作为第三方权威机构的声望之上，任何不诚实的行为将会以信誉受损作为惩罚；最后是基于知识共享的信任关系，即建立在一定时间内相互作用的成员的信息和知识共享基础之上的信任关系（王宁等，2007），关键种群应该根据不同电子商务生态系统的类型和发展的不同阶段，选择最合适的一种或几种信任机制。基于契约信任关系是最基础的一种信任机制，适合于成员之间相互拥有较少经验和信息的情况；基于信誉的信任关系适合于结构化较强的交易活动，并且需要对关键种群和其他成员一段时间的信誉培养；而基于知识共享的信任关系比另两种机制有对不确定性更强的适应能力，而且可以鼓励高水平的知识共享，但这种信任关系需要较长时间的发展过程，更适合交易紧密频繁的成员之间。

（2）利益协调机制

领导种群对电子商务生态系统各成员的利益协调，主要可以从利益分配机制和激励约束机制这两方面着手。

在利益分配机制的构建方面，领导种群应有长远的发展眼光，不能因为眼前利益而偏重自身利益，忽视生态系统其他种群的利益。此外，更多地以物种成员在生态系统中的地位，以及生态系统与其他商业生态系统的竞争状况出发，形成生态系统各成员合理公平的利益分配模式，使各成员按此规则和协议采取相应的行为。

在激励约束机制的构建方面，领导种群则应对整个生态系统的利益进行再分配，对于那些对整个系统贡献很大，但在利益分配时处于弱势的成员，给予适当的奖励或者是激励；相反，对于破坏电子商务生态系统整体利益的行为，应做出相应的处罚（吴本贵和陈治亚，2007）。

（3）信息协调机制

对于电子商务生态系统内不同成员间严重的信息不对称现象，领导种群可以从 4 个方面协调成员间的信息沟通和共享。首先，领导种群要大力推进相关产品或服务质量等标准的制定，解决信息不对称问题中的技术问题；其次，领导种群应为生态系统的成员打造易于信息沟通的平台，并大力加强信息网的建设，为信息协作的顺利进行提供激励约束机制，创造一个让所有成员同意并且能够共享的信息环境（成桂芳等，2005）；再次，领导种群可以通过建立保障体系、身份认证机制等，以第三方的身份对信息不对称情况进行监控管理；最后，领导种群需要提供更便捷的信息发布平台，帮助交易者甄别高质量与低质量的产品或服务，必要时提供必需的信息，例如对产品或服务的分类等。

（4）运作协调机制

运作协调机制旨在解决电子商务生态系统内不同成员间的协作问题，主要包括种群培育和环境培育两个方面。

电子商务生态系统成员之间有效的运作协调，必须建立在系统内"物种"丰富完善的基础上。作为核心电子商务企业，领导种群应通过各种手段，吸引更多电子商务发展中所依附的各种物种加入生态系统，如电子支付、物流等，加快系统的自我繁殖和进化，从而扩大生态系统的范围；同时，促使更多的主体，如寄生的增值服务商等进入生态圈，进一步改善电子商务生存环境。在此基础上，通过对电子商务生态系统协作环境的创建与培育，加强成员间的合作协调。领导种群要成为联系其他种群合作的纽带和基础，为成员间协作提供便利条件，并合理解决成员之间的冲突。另外，定期聚集生态系统成员，提供成员间集中交流的平台，从而增强互相之间的了解，增加合作机会。

7.3　广告层面平台生态监管

在搜索广告层面，平台领导者作为商务平台系统的领导种群和监管者，对商品排位、广告位使用有应当的监管权利和责任，这也是对消费者的一种信息保障，是平台生态系统协调发展的重要基础。在广告业务中，众多的潜在客户（商家）多为竞争关系，且数量众多，需求高度集中，如何保证他们合理公平地参与位置竞争，同时保障平台自身收益和消费者权益，就要从平台规则的设计入手。平台规则用于平衡生态系统利益相关者之间的关系，规范多边客户之间的合作与竞争，处理利益相关者矛盾与冲突的基本准则，是创造生态系统可持续进化动力机制的关键。

一般而言，平台与商家在创造价值的时候是合作性关系，在分配价值的时候，是竞争性关系。平衡利益相关者关系的关键，是看权利的大小与利益的一致性程度。如关键词竞价排名业务与平台收益高度一致，那么平台会优先考虑商家利益，若广告业务使消费者对平台商品质疑，影响平台的可持续发展，平台就会将消费者利益纳入其中。因此，平台经营者需要在自身利益与客户利益、短期利益和长期利益之间寻找一个平衡点。

我们可以从决策、控制和定价三个方面建立广告层面的商务生态系统发展和治理策略，从而平衡平台经营者、商家和消费者的关系，见图7-1，这三个方面主要源于前文所述的契约关系协调机制和利益协调机制。

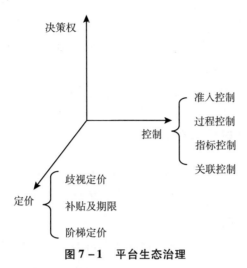

图 7 - 1　平台生态治理

资料来源：笔者根据研究内容绘制。

7.3.1　决策权

平台作为广告位的完全拥有者，对其有绝对的控制权，商家要想获取心仪的商品位置就需要跟平台建立广告契约关系，双方受到契约条款的约束：商家为广告位付费，平台出让商品位的使用权，具体细则如按流量（点击）付费、按实际购买量付费等。同时，商家要保证所发布商品信息的真实性，否则给出违约条款。特别地，当多个商家竞争同一个广告位时，平台需要制定出详细可行的位置分配方案及利益冲突解决方案。对于商务平台来说，商家和平台建立最原始最基础的契约关系更为有效，且各利益方都有法可依。

平台广告位最直接的利益方为平台和商家。然而根据前文研究结果，商品位置对消费者的选择购买行为也有不容忽视的影响。通常，排位越靠前，广告成本越高，商家不允许提高价格的前提下，商品品质下降，最终导致消费者利益受损。此时，商家和消费者的利益是不一致的，因此，平台广告位分配的基本原则是兼顾商家和消费者双方利益，既能够帮助厂商引流，减少资源匹配的交易成本，又能够有效提高消费者满意度，即建立兼顾二者利益的搜索广告模型，分析平台提供位置服务得到的收益和损失，由此建立良好的搜索广告秩序和位置择优机制。反之，若不顾厂商利益造成供给方的短缺，整个市场失衡，平台将无法持久经营，同样地，若只考虑搜索广告带来的收益忽视消费者体验，平台也将失去其持续发展的原动力。

7.3.2　平台广告控制

平台需建立健全广告的准入细则，有效参与广告的过程控制，构建广告效果的指标体系以及对相关利益团体进行关联控制。

（1）准入控制

原则上，平台所有注册商家都拥有付费搜索广告服务的权益，但某些情况下将取消其广告的权利，如广告中存在着一些不正当竞争行为，通过虚假宣传、诋毁商业信誉等违法行为破坏市场的合理竞争；被消费者投诉且证实的虚假广告行为；《广告法》对某些特定商品还设置了内容审查，如第34条对一些药品药物和医疗器械等涉及人们健康的商品广告，通过行政行为进行有效监管，以防止假冒药物流入市场。

（2）过程控制

一般来说，商家更注重广告运动的整个过程。广告运动是指广告发起、规划和执行的全过程。在电子商务平台位置付费主要指关键词的选取和位置决策。广告的过程控制，是对广告过程进行事前、事中和事后测定监控的一个动态分析过程。事前测定是在使用位置策略之前，对广告衡量出一个预期的效果，然后根据这个预期效果，对广告进行实时的监控与及时修正，以确保广告的系统效果。事中测定是在广告的投放过程中，测定消费者对该广告的反映，判断是否达到了预期的效果。事后测定是在整个广告活动之后所做的效果评估，即对广告活动是否达成了预定的计划和目标。

广告效果的动态控制，能够使广告主对广告效果充满信心，并且对广告预算有足够的把握，能够检查和验证广告目标是否正确，关键词是否准确突出，广告发布的频率是否得当等，为实现广告效益提供了可靠的保证，也为下一次的广告活动质量的提高提供了更丰富、更全面的宝贵经验。

平台对各个广告商使用位置广告后的效果进行控制，事前对多个广告商的广告效果进行预测。事中监测各个广告商的广告效果和消费者的反应，同时对广告实施过程中出现的问题进行调整和修正，如顾客投诉广告下架，撤销广告商位置权利等处罚。事后评估广告收益和消费者满意度的总体效果，为下一次的广告活动提供丰富的数据支撑，帮助平台制定具体的位置广告细则，如某些位置某些时段是否实施付费广告业务等。

（3）指标控制

电商搜索广告转化率，即广告商品被用户点击后产生购买行为的概率。该指标从广告创意、商品品质、商家质量等多个角度综合刻画用户对广告商品的购买意向。例如，某商家购买"女装"作为广告关键词，用户在搜索栏输入"女装"并点击，此商家进入结果页面。如果有 M 个用户进入该商家的商品详情页，其中 N 个购买了该商品，那么此搜索广告的转化率为成交总数和点击总数的比值（N/M）。在这个过程中，如果能够将转化率高的商品返回给用户，那么用户将会更快速地找到喜欢的商品，从而提高用户体验；此外，如果广告被点击却没有成交，商家将白白付出广告成本，反之，如果展现给用户且被点击的广告商品都产生了购买，那么商家虽付出成本但还是能从成交中获得收益。总体来说，提高转化率，能够使广告主快速匹配到购买用户，提升广告主的投入产出比（return on investment，ROD），同时也能让用户快速找到购买意愿最强的商品，从而提升用户体验。

因而，可以将电商搜索广告的转化率作为竞价广告的权重指标，转化率越高获得相同的位置将付出较小的广告成本，或者相同的付费将获得较高的广告位置，由此高品质商家将会获得更好的广告效果，提升用户满意度。商家的信誉度、商品的好评率以及商品的销量也从侧面反映出商品的品质保障，也可以作为权重指标来考量。

（4）关联控制

在广告位竞争中，竞争商家之间存在利益关联，互补商品、合作伙伴之间也存在利益关联。某一商家使用付费搜索策略，利益相关方势必受到影响，平台需要对利益相关方进行关联控制，调节付费搜索对其他各方的影响，特别地，如果与消费者利益发生严重冲突时，要在二者之间建立恰当的平衡机制。

7.3.3　平台广告定价

目前，电商搜索广告不再单纯使用搜索引擎竞价拍卖机制，而是通过阶梯定价、歧视定价补贴等多种定价策略将商家引导至更加综合的竞争当中。平台针对不同的商家借助商家信誉度、销量、好评及转化率实施歧视定价价格策略，可大大降低假冒伪劣商通过竞价排名来侵犯消费者利益的行为，有效维护平台生态的健康发展；平台针对不同商家对不同梯队的位置（如第 1～10 位，11～20 位）进行阶梯定价，隶属同一梯队位置的商家获得消费者相近的注意力，商家在其他方面拥有优势才能在竞争中取胜；平台对一些有特殊影响力或者特殊贡献商家（如助农项目）给予定时定量的补贴政策，将社会责任纳入平台生态发展体系中，最终实现平台生态的共生与可持续发展（见图 7－1）。

7.4　管　理　启　示

本书剖析了商务生态系统中平台、商家和消费者围绕商品位置展开的价值创造过程，分析了在线消费者搜索实践。基于一定的假设条件，利用概率与数理统计方法、效用理论对基于商品位置的消费者的选择行为进行系统建模；运用博弈论等知识，在消费者有限搜索和理性选择的基础上对商家的位置选择进行建模优化，进一步完善广告层面下的平台监管和治理。虽有一定的局限性，但研究结论对在线商家的管理运营和平台的位置管理具有相当的指导作用和实践意义。

7.4.1　对在线商家的管理建议

（1）注重消费者的类型和搜索行为特征，细化商家位置策略

商家的位置策略与消费者的搜索行为密切相关。通过观察消费者的浏览和查找习惯不难发现，不同的消费者会根据自身偏好或需求采用不同的排序方式和筛选条件，将搜索结果精炼和重排列后进行商品选择。对于一般的消费者来说，有一定规律或者遵循一定排序规则的商品序列能够减少搜索时间，提高购物效率。

由于消费者搜索成本的存在使得消费者只能进行有限的搜索，在第 4 章中视野的范围决定了在线商家使用位置前移的最佳位置；使用联合位置策略时，联合企业的最优个数，而第 5 章中高搜索成本消费者的比例决定了不同质量的商家是否参与位置竞争以及参与竞争时的均衡位置出价。因此在线商家需要掌握消费者的分类以及整个消费群体搜索范围的分布特征，才能确定何时采用怎样的位置策略，而不是盲目地进行位置投资或置之不理。

（2）注重商品效用，将提升商品品质与位置策略相结合

消费者的决策过程是在视野范围内选择效用最优的商品，商家位置策略的使用仅仅是为了进入消费者视野，是消费者选择的第一步，商品能否被消费者购买最终取决于商品的效用。商品效用高但未进入视野或者商品进入视野但效用低下，此商品都不会被消费者选择。在第 4 章中基于商品位置和视野建立消费者选择行为模型，结果表明要想提高商品被选中概率商品效用提升和位置策略缺一不可。效用排名靠后的商品即使移至靠前的商品位也不能持续提高被选概率，因为消费者视野中总是会出现效用较高的商品。

在第 5 章中，商品质量和价格共同决定消费者对商品的效用感

知，不同质量的商家在不同情况下对位置采用不同的态度和决策。在线商家需要权衡商品质量和位置选择，低质量商品位于最前位虽然能很快吸引消费者，增大点击量，但由于其质量低下易导致持续力不足；高质量商品位于靠后位会因得不到足够关注，失去部分潜在消费者。因此，将质量与位置有效结合起来，才能最大限度地提升经济价值。

（3）关注市场动态和竞争情况，精确商家位置策略

在线商家应该时刻关注竞争对手的动态，准确把握竞争对手的效用水平与位置策略，本书第4章考察商家使用位置策略对消费者选择及其他商家被选概率的影响，若效用高的商家使用位置策略，低效用的商家应明确自身效用差距，是努力争取更靠前的位置还是采用促销降价的方式吸引消费者，若效用低的商家使用联合位置策略，高效用的商家需衡量移动成本后决定是否值得竞争列表靠前位置，通过模型计算和分析表明，商家应该根据对手的效用水平和不同策略，区别对待精确定位。

在线商家的位置选择并非一成不变，竞争环境的变化（如第6章新商家的进入），商家对位置付费的预算发生变化、平台对位置竞价规则有所改变、其他商家对位置给出了更高的出价等，都会导致商家位置选择的改变。因而在线商家并不能简单地选用同一位置，而需要根据平台收费标准、自身预算及其他商家的出价，及时更新位置选择及出价。

7.4.2 对平台企业的管理建议

对于平台型电子商务生态系统，以下将从关系治理、利益治理、信息治理和协作治理四个视角提出治理建议：

（1）关系治理机制探索

平台电子商务企业利用便捷的互联网络，大大缩短了人们之间的时间成本和空间距离，便利了商业快速发展。但是，网络用户之间由

于信任关系的缺乏，又会引致较高的交易成本和交易风险。因此，平台型电子商务生态系统治理的关键就是信任关系的建立，主要可以从以下三个方面着手进行：首先，基于契约关系的治理，当交易双方中一方违背交易契约能够有效判定和启动惩罚机制；其次，可以通过一些权威的机构和组织进行调节，例如，在淘宝网上买卖双方出现利益纠纷时可通过淘宝官方进行调查和处理，对不诚信的一方进行惩罚；最后，还应当加强组织联盟品牌的树立，组织联盟在一定程度上代表了所含个体的诚信程度，在平台系统发展过程中，一定要重视信誉的培养与品牌的树立，以此来降低交易成本和交易风险，增强交易双方的信任程度。

（2）利益治理机制探索

随着平台电子商务系统的发展，生态种群个体的增加，内部竞争会逐步加剧，毕竟资源总是有限的，这时就要对系统内各成员之间的利益分配进行协调。在自然发展情况下，平台系统内的个体总是以个体利益最大化为目标，但这种行为会使得平台系统内成员的利益普遍下降，整体利益受损，因此，为了保持平台系统的长远发展，我们必须要对平台系统的利益分配进行治理。对于利益分配的治理主要是平衡各成员之间的利益关系，各主体应当具有长远的眼光，不能为了个体一时利益而损害了平台的长远发展。在利益分配时，应当做到公平、公正、合理，制定出符合平台系统长期发展的利益分配规则。

在广告业务层面，平台需要将消费者的在线购买体验考虑进来，建立兼顾商家位置诉求和消费者满意的监管机制。不但对商家的位置策略进行有效干预，还要引导商家从单一位置竞价转移到更加综合的竞争当中，提高平台的顾客满意度，从而达到系统长远持续发展。如针对商家的竞价排名，在线平台对商品位置拥有最终解释权和销售的指向性，商家虽然可以对平台上的商品位置任意出价，但最终的交易还是由平台决定。平台可以对商家的位置出价设置信誉权重，弱化拍卖机制给消费者带来的弊端，使在线商家清楚认识到，只有从位置和产品本身等方面增强综合实力，才能既博得消费者的"眼球"又获得消费者的青睐。

（3）信息治理机制探索

互联网的发展使得信息传递更加的快速与高效，在一定程度上降低了信息不对称程度，然而在实际的网络交易中，零售商或者生产商为了达成交易，往往仅传递对自身有利的信息，消费者获取全部信息和验证信息真伪成本较高，最终导致信息不对称程度非但没有降低，反而有所上升。

对于信息不对称的治理可以从以下三个方面着手：一是应当制定相关产品与服务的质量标准，通过对商品属性的具体规定反映商品的真实情况；二是加大对信息沟通渠道的拓展，便利交易双方的交流，使得信息能够更好地传递，降低信息传递的成本；三是应当建立完善的身份识别机制，这样能够有效减少违约的发生，继而保障交易的安全。

（4）协作治理机制探索

平台型电子商务生态系统之所以得以存在就是各成员能够从该生态系统中获益，促进个体发展，其中一个重要的获益途径就是平台系统成员之间能够更好地实现信息共享、互相学习、互促互进。因此，在平台型电子商务生态系统建设与发展中应当重视对成员间协作的治理。

在具体的治理举措中，一方面，领导种群应当担负起责任，为成员间的协作拓展空间，鼓励成员的协作，实现知识与资源的共享，实现成员的优势互补；另一方面，通过平台自治组织来加强成员间的交流，推动成员间的深层次合作，促进成员间的共同发展。

7.5 研究局限与展望

（1）存在的问题

本书虽力求完整、客观和严谨，但限于本身人力、财力与时间上的限制，依然存在以下三个方面的不足：

在模型构建方面，第 4 章使用序数效用选择模型时，针对多个商家进行研究和探讨，但在加入质量和价格后的商家博弈模型中，只讨论了两个商家的情形，如果能将研究对象扩展至三个或多个商家，那么研究结论则更具一般性；第 5 章将消费者分为高搜索成本和低搜索成本两类，这样的假设只适用于对两个商家的搜索分类，高搜索成本的消费者只搜索第一位的商品，低搜索成本的消费者两个商品都点击，如果拓展至多个商家的情况，则以上假设不再适用。

在模型的实现方面，商家使用位置策略并非单方面，还涉及平台对位置选择所制定的规则和主动性的干预。在线平台作为服务方，既要满足卖方的需求，又要维护买方的利益，若牺牲任何一方，都将导致市场失衡。因此，平台的监管也是模型应该改进和完善的部分。

在模型适用性方面，本书在合理的假设前提下建立数理模型，进行严谨的数学推导得到相应的结论，通过算例模拟和解释在线零售平台消费者的选择行为和商家决策，缺乏在线零售平台的实际数据支持，此外，平台上的其他干扰因素都可能对模型的结果质疑，如何消除干扰因素或者考虑更合理的模型有待进一步探索。

（2）进一步研究的设想

针对以上存在的不足，作者提出以下的解决方法和改进方案，希望在此过程中能够发现一些新的值得研究的方向和问题：

一是针对模型假设中对商家个数的限制，导致消费者分为高搜索成本消费者和低搜索成本消费者两类，作者认为可以对消费群体按照搜索成本进行细分，采用搜索成本分布函数来表示消费者搜索范围的异质性，将本书中的模型扩展至多个商家，多个搜索范围的情况，由此得到更具普适性的结论。

二是从平台角度构建位置监管模型也是今后可以考虑的方向，位置作为隶属于平台的经济资源，平台应该制定一些必要的措施对商家的位置策略监督和引导。一方面，牺牲卖方的利益，商家转换至其他平台经营，则平台失去了商品和服务的提供者，买方认为卖方数量的减少将导致商品选项减少，自身的效用降低，也会转向其他平台；另一方面，买方的流失，使卖方认为其销售机会减少，如此下去在线平台将陷入恶性循环的深渊。

三是商家的位置研究也可以从二手数据和实验角度来进行。如选取某个零售平台作为观测点，从平台页面获得各商家的位置信息及对应位置上的销量，一段时间后观测商家位置是否发生改变，销量又有怎样的变化，这样做可以从侧面验证商家策略的有效性，如果能够从平台企业直接获得各商家的位置选择策略和其销量的变化，那么位置研究的范围就可能更广。另外，在实验方面可以模拟在线平台真实的购买情境，设计合理完备的实验来观测消费者的选择行为，以得到的实验结果为依托，建立更为符合实际的选择行为模型及商家位置策略，可能会得到更多有价值的启发。

参 考 文 献

［1］Richard B. Mckenzie，Dwight R. Lee . MBA 微观经济学 ［M］. 北京：中国人民大学出版社，2010.

［2］Robbin Z，B. . Internet 广告实战策略 ［M］. 北京：人民邮电出版社，2001.

［3］阿罗，陈志武，崔之元 . 社会选择与个人价值 ［M］. 成都：四川人民出版社，1987.

［4］陈禹 . 信息经济学教程 ［M］. 北京：清华大学出版社，2011.

［5］谌贻庆，吴春尚 . 供应链成员企业协作问题研究 ［J］. 商场现代化，2006 （03Z）：2.

［6］成桂芳，宁宣熙，詹月林 . 基于虚拟企业信息网的成员企业间知识协作研究 ［J］. 情报方法，2005 （6）：80 – 82.

［7］刁新军，杨德礼，任雅威 . 基于扩展 Hotelling 模型的企业竞争策略研究 ［J］. 管理学报，2009，6 （7）：867 – 872.

［8］刁新军，杨德礼，任雅威 . 消费者偏好不确定下的双寡头企业竞争策略 ［J］. 系统工程，2008，26 （8）：93 – 96.

［9］董建明 . 人机交互：以用户为中心的设计和评估 ［M］. 北京：清华大学出版社，2003.

［10］段鹏武 . 网络信任危机与电子商务的伦理缺陷 ［J］. 现代商贸工业，2008 （2）：662 – 672.

［11］顾锋，黄培清，周东生 . 消费者不均匀分布时企业的最小产品差异策略 ［J］. 系统工程学报，2002，17 （5）：467 – 471.

[12] 顾锋, 薛刚, 黄培清. 存在消费者购买选择的企业定价选址模型 [J]. 系统管理学报, 1999, 00 (4): 32 - 37.

[13] 胡岗岚, 卢向华, 黄丽华. 电子商务生态系统及其协调机制研究——以阿里巴巴集团为例 [J]. 软科学, 2009, 23 (9): 5 - 10.

[14] 胡岚岚, 卢向华, 黄丽华. 电子商务生态系统及其演化路径 [J]. 经济管理, 2009, 31 (6): 110 - 116.

[15] 胡建兵. 基于三角形分布的纵向产品差异化模型 [J]. 哈尔滨工程大学学报, 2008, 29 (4): 425 - 431.

[16] 黄静. 商品陈列秘密 [J]. 韬略与方法, 2007, 3: 102 - 103.

[17] 黄鹂强, 王刊良. 搜索引擎用户对商品搜索结果的点击行为研究 [J]. 管理科学, 2012, 25 (1): 76 - 84.

[18] 黄赞, 王新新. 商品陈列方式、先验品牌知识与品牌选择决策——弱势品牌的视角 [J]. 心理学报, 2015, 47 (5): 663 - 678.

[19] 姜晖, 王浣尘, 高朝伟. GSP 机制下付费搜索拍卖有效均衡的存在性研究 [J]. 软科学, 2009, 23 (7): 12 - 16.

[20] 姜晖, 王浣尘, 高朝伟. 基于动态博弈模型的付费搜索拍卖广义第二价格机制——规则、均衡与效率分析 [J]. 上海交通大学学报, 2010, 44 (3): 349 - 353.

[21] 姜晖, 王浣尘, 关树永. 付费搜索拍卖建模与两类排名机制比较研究 [J]. 中国管理科学, 2009, 17 (3): 142 - 149.

[22] 卡尔·E. 凯斯, 雷·C. 菲尔. 经济学原理: 微观经济学 [M]. 北京: 清华大学出版社, 2011.

[23] 李凯, 邓智文, 严建援. 搜索引擎营销研究综递及展望 [J]. 外国经济与管理, 2014, 36 (10): 13 - 21.

[24] 李凌. "平台经济" 视野下的业态创新与企业发展 [J]. 国际市场, 2013 (4): 11 - 15.

[25] 廖扬. 电子商务中的信息不对称与解决途径 [J]. 光盘技

术，2007（2）：14 – 15.

　　[26] 林佳瑜. 试论竞价排名与用户体验的关系 [J]. 情报杂志，2009，28（12）：190 – 192.

　　[27] 林健，黄卫明. 企业恶性竞争问题探究 [J]. 企业活力，2007（1）：16 – 17.

　　[28] 刘鹏，王超. 计算广告：互联网商业变现的市场与技术 [M]. 北京：人民邮电出版社，2015.

　　[29] 刘晓峰，黄沛. 基于策略型消费者的最优动态定价与库存决策 [J]. 管理科学学报，2009，12（5）：18 – 26.

　　[30] 刘学. 平台与生态重构 [M]. 北京：北京大学出版社，2017.

　　[31] 刘业政，姜元春，张结魁等. 网络消费者行为：理论方法及应用 [M]. 北京：科学出版社，2011.

　　[32] 刘奕群，马少平，洪涛等. 搜索引擎技术基础 [M]. 北京：清华大学出版社，2010.

　　[33] 罗珉，李永强. 协作网络下的组织环境理论综述 [J]. 管理科学，2003（3）：29 – 32.

　　[34] 罗珉，彭毫. 平台生态：价值创造与价值获取 [M]. 北京：北京燕山出版社，2020.

　　[35] 曼昆. 经济学原理（第四版），微观经济学分册 [M]. 北京：北京大学出版社，2009.

　　[36] 潘晓军，陈宏民. 产品差异化与序贯推出的策略选择 [J]. 系统工程理论与实践，2002，22（8）：61 – 67.

　　[37] 施圣炜，黄桐城. 中介参与下信息搜寻成本三方对策模型研究 [J]. 情报杂志，2005，24（7）：26 – 28.

　　[38] 孙淑军，傅书勇. 零售商店商品品类陈列决策模型应用分析 [J]. 沈阳工业大学学报（社会科学版），2010（3），1：63 – 65.

　　[39] 唐亮，张结魁，徐建华. 网络消费者信息搜寻行为研究 [J]. 图书与情报，2008（2）：40 – 43.

[40] 宛剑业，王云鹏，张忠钢. 大型超市包装类食品区商品陈列规划与仿真 [J]. 物流技术，2009，28（3）：63－65.

[41] 汪定伟. 考虑广告商信誉的搜索引擎排位拍卖的机制设计 [J]. 系统工程理论与实践，2011，31（1）：38－42.

[42] 王冰. 浅析网络广告投放的基本策略 [J]. 信息技术，2009，33（1）：102－104.

[43] 王宁，袁胜军，黄立平. 汽车行业供应链中成员协作信任与冲突研究 [J]. 交通与计算机，2007（4）：38－41.

[44] 吴本贵，陈治亚. 供应链管理中的协调机制研究 [J]. 物流科技，2007，30（8）：3.

[45] 吴文盛，于振英. 微观经济学：Microeconomics [M]. 北京：经济科学出版社，2014.

[46] 徐金雷，杨晓江. 专业搜索引擎的排序算法研究 [J]. 现代图书情报技术，2006，7：20－24.

[47] 徐涛. 企业搜索引擎广告策略研究 [D]. 上海：华东师范大学，2010.

[48] 徐卫，陈丽亚，刘功申. 基于用户行为分析的网站广告投放策略 [J]. 计算机工程与应用，2006，42（28）：225－226.

[49] 杨慧，周晶，宋华明. 考虑消费者短视和策略行为的动态定价研究 [J]. 管理工程学报，2010，24（4）：133－137.

[50] 杨坚争，汪芳，李大鹏. 网络广告学 [M]. 北京：电子工业出版社，2002.

[51] 杨思洛. 搜索引擎的排序技术研究 [J]. 现代图书情报技术，2005（1）：43－44.

[52] 杨武健，唐丽华，吴瑶宇. 在线林产品流通领域不同类型产品的评论有用性 [J]. 浙江农林大学学报，2015，6：958－965.

[53] 姚洪兴，徐峰. 双寡头有限理性广告竞争博弈模型的复杂性分析 [J]. 系统工程理论与实践，2005，25（12）：6.

参 考 文 献

［54］殷红.考虑广告主信誉的付费搜索拍卖机制研究——均衡、收益与效率分析［J］.中国管理科学，2014，22（11）：54 - 61.

［55］约瑟夫·熊彼特.经济分析史［M］.北京：商务印书馆，1994.

［56］张建军.网络广告实务［M］.南京：东南大学出版社，2002.

［57］张磊，郭峰，侯小超.基于数据挖掘的电商搜索广告投放策略研究［J］.工业工程，2019，22（1）：10.

［58］赵德余，顾海英，刘晨.双寡头垄断市场的价格竞争与产品差异化策略——一个博弈论模型及其扩展［J］.管理科学学报，2006，9（5）：1 - 7.

［59］周荣庭，陈果.图书出版的搜索引擎营销策略［J］.出版科学，2007，15（1）：71 - 73.

［60］Adamic L，Adar E. How to search a social network［J］. Social Networks，2005，27（3）：187 - 203.

［61］Adner，R and Kapoor，R. Value creation in innovation ecosystems：How the structure of technological interdependence affects firm performance in new technology generations［J］. Strategic Management Journal，2010，31（1）：306 - 333.

［62］Adner R，Oxley J E，Silverman B S . Collaboration and Competition in Business Ecosystems［J］. Advances in strategic management，2013，30：9 - 18.

［63］Agarwal A，Hosanagar K，Smith M D. Location，location，location：an analysis of profitability of position in online advertising markets［J］. Social Science Electronic Publishing，2008，48（6）：1057 - 1073.

［64］Alba J，Lynch Jr，Weitz B，Janiszewski C，et al. Interactive home shopping：consumer，retailer，and manufacturer incentives to participate in electronic marketplaces［J］. Journal of Marketing，1997，61（July）：38 - 53.

[65] Animesh A, Viswanathan S, Agarwal R. Competing "creatively" in sponsored search markets: the effect of rank, differentiation strategy, and competition on performance [J]. Information Systems Research, 2011, 22 (1): 153 – 169.

[66] Ansari A, Mela C F. E – Customization [J]. Journal of Marketing Research, 2003, 40 (2): 131 – 145.

[67] Arbatskaya M. Ordered search [J]. Rand Journal of Economics, 2007, 38 (1): 119 – 126.

[68] Armstrong M, Vickers J, Zhou J. Prominence and consumer search [J]. Rand Journal of Economics, 2009, 40 (2): 209 – 233.

[69] Astyne M W V, Parker G G, Choudary S P. Pipelines, platforms, and the new rules of strategy [J]. Harvard Business Review, 2016, 94 (4): 54 – 63.

[70] Aubin J P. Mathematical methods of game and economic theory [J]. Studies in mathematics & its applications, 1982, 235 (1): 19 – 30.

[71] Baldauf A, Dockner E J, Reisinger H. The effects of long-term debt on a firm's new product pricing policy in duopolistic markets [J]. Journal of Business Research, 2000, 50 (2): 201 – 207.

[72] Bandura A. Social Cognitive Theory: An agentic perspective [J]. Asian Journal of Social Psychology, 2001, 52 (1): 1 – 26.

[73] Baye M R, Gatti J R J, Kattuman P, et al. Clicks, discontinuities, and firm demand online [J]. Social Science Electronic Publishing, 2009, 18 (4): 935 – 975.

[74] Beatty S E, Smith S M. External search effort: an investigation across several product categories [J]. Journal of Consumer Research, 1987, 14 (1): 83 – 95.

[75] Besanko D, Winston W L. Optimal price skimming by a monopolist facing rational consumers [J]. Management Science, 1990, 36 (5):

555 – 567.

[76] Bettman J R. An information processing theory of consumer choice [J]. Journal of Marketing, 1979, 43 (3): 124 – 126.

[77] Bezawada R, Pauwels K. What is special about marketing organic products? how organic assortment, price, and promotions drive retailer performance [J]. Journal of Marketing, 2013, 77 (1): 31 – 51.

[78] Bharat K, Mihaila G A. When experts agree: using non-affiliated experts to rank popular topics [J]. Acm Transactions on Information Systems, 2001, 20 (1): 47 – 58.

[79] Brooks N. The atlas rank report: how search engine rank impacts traffic [J]. Insights, Atlas Institute Digital Marketing, 2004.

[80] Butler P, Peppard J. Consumer purchasing on the internet: processes and prospects [J]. European Management Journal, 1998, 16 (5): 600 – 610.

[81] Casadesus – Masanell R, Ricart J E. From strategy to business models and onto tactics [J]. Long Range Planning, 2010, 43 (2 – 3): 195 – 215.

[82] Chapin F S, Psterson G, Berkes F. Resilience and vulnerability of northern regions to social and environmental change [J]. Journal of Human Environment, 2004, 33 (6): 344 – 349.

[83] Chen Y, Yao S. Sequential search with refinement: model and application with click-stream data [J]. Management Science, 2017, 63 (12): 4345 – 4365.

[84] Chernev A. Decision focus and consumer choice among assortments [J]. Journal of Consumer Research, 2006, 33 (1): 50 – 59.

[85] Chernev A. Product assortment and consumer choice: an interdisciplinary review. Foundations and Trends in Marketing, 2013, 6 (1): 1 – 61.

[86] Chiang W Y K, Chhajed D, Hess J D. Direct marketing, indirect profits: a strategic analysis of dual-channel supply-chain design [M]. Management Science, 2003, 49 (1): 1-20.

[87] Childers T L, Carr C L, Peck J, et al. Hedonic and utilitarian motivations for online retail shopping behavior [J]. Journal of Retailing, 2001, 77 (4): 511-535.

[88] Clarke E H. Multipart pricing of public goods [J]. Public Choice, 1971, 11: 17-33.

[89] Claxton J D, Fry J N, Portis B. A taxonomy of prepurchase information gathering patterns [J]. Journal of Consumer Research, 1974, 1 (3): 35-42.

[90] Coase R H. Durability and monopoly [J]. Journal of Law & Economics, 1972, 15 (1): 143-149.

[91] D'Aspremont C, Gabszewicz J J. On hotelling's "stability in competition" [J]. Econometrica, 1979, 47 (5): 1145-1150.

[92] Dattee B, Alexy O, & Autio E. Maneuvering in poor visibility: how firms play the ecosystem game when uncertainty is high [J]. Academy of Management Journal, 2018, 61 (2), 466-498.

[93] Dean J. Pricing policies for new products [J]. Harvard Business Review, 1950, 28 (6): 45-53.

[94] Diehl K, Kornish L J, Lynch J G. Smart agents: when lower search costs for quality information increase price sensitivity [J]. Journal of Consumer Research, 2003, 30 (1): 56-71.

[95] Diehl K, Lamberton C P. Great expectations?! Assortment size, expectations and satisfaction [J]. Journal of Marketing Research, 2007, 47 (2): 312-322.

[96] Dou W, Lim K H, Su C, et al. Brand positioning strategy using search engine marketing [J]. Mangement Information Systems Quarterly,

2010, 34 (2): 261 - 279.

[97] Economides N. Minimal and maximal product differentiation in Hotelling's duopoly [J]. Economics Letters, 1986, 21 (1): 67 -71.

[98] Edelman B, Ostmovsky M. Strategic bidder behavior in sponsored search auctions [J]. Decision Support Systems, 2007, 43 (1): 192 - 198.

[99] Edelman B, Schwarz M. Internet advertising and the generalized second-price auction: selling billions of dollars worth of keywords [J]. American Economic Review, 2007, 97 (1): 242 - 259.

[100] Eliashberg J, Jeuland A P. The impact of competitive entry in a developing market upon dynamic pricing strategies [J]. Marketing Science, 1986, 5 (1): 20 - 36.

[101] Enjel J F, Blackwell R D, Miniard P W. Consumer behavior [M]. Pearson Schweiz Ag, 1995.

[102] Eysenbach G, Köhler C. How do consumers search for and appraise health information on the world wide web? Qualitative study using focus groups, usability tests, and in-depth interviews [J]. Bmj British Medical Journal, 2002, 324 (7337): 573 - 577.

[103] Feng J, Bhargava H K, Pennock D M. Implementing sponsored search in web search engines: computational evaluation of alternative mechanisms [J]. Informs Journal on Computing, 2007, 19 (1): 137 - 148.

[104] Feng J. Optimal mechanism for selling a set of commonly ranked objects [J]. Marketing Science, 2008, 27 (3): 501 - 512.

[105] Fibich G, Lowengart O, Gavious A. Explicit solutions of optimization models and differential games with nonsmooth (asymmetric) reference-price effects [J]. Operations Research, 2003, 51 (5): 721 - 734.

[106] Fisher M, Vaidyanathan R. A demand estimation procedure for retail assortment optimization with results from implementations [J]. Management Science Journal of the Institute for Operations Research & the Man-

agement Sciences, 2014, 60 (10): 2401 – 2415.

[107] Folke C, Carpenter S, Elmqvist T, et al. Resilience and sustainable development: Building adaptive capacity in a world of transformations [J]. Journal of Human Environment, 2002, 31 (5): 437 – 440.

[108] Fornell C, Johnson M D, Anderson E W, et al. The american customer satisfaction index: nature, purpose, and findings [J]. Journal of Marketing, 1996, 60 (4): 7 – 18.

[109] Friedman J W. Oligopoly and the theory of games [J]. Advanced textbooks in economics, 1977, 22 (1): 107 – 109.

[110] FritzMachlup, UnaMansfield, Miller W. The study of information: interdisciplinary messages [M]. Wiley, 1983.

[111] Gabszewicz J J, Thisse J F. Spatial competition and the location of firms [M]. Jacques Thisse, 1986.

[112] Gawer A. Bridging differing perspectives on technological platforms: toward an integrative framework [J]. Research Policy, 2014, 43 (7): 1239 – 1249.

[113] Gefen D, Straub D W. The relative importance of perceived ease of use in IS adoption: a study of E – Commerce adoption [J]. Journal of the Association for Information systems, 2000, 1 (1): 1 – 30.

[114] Ghose A, Yang S. An empirical analysis of search engine advertising: sponsored search in electronic markets [J]. Management Science, 2009, 55 (10): 1605 – 1622.

[115] Govan C L, Williams K D. Changing the affective valence of the stimulus items influences the IAT by re-defining the category labels [J]. Journal of Experimental Social Psychology, 2004, 40 (3): 357 – 365.

[116] Greenberger M, University J H, Institution B. Computers, communications, and the public interest [M]. Johns Hopkins Press, 1971.

[117] Groves T. Incentives in teams [J]. Econometrica, 1973, 41:

617 –631.

[118] Haley R I. Benefit segmentation: a decision-oriented research tool [J]. Journal of Marketing, 1968, 32 (3): 30 –35.

[119] Harter J F R. Hotelling's competition with demand location uncertainty [J]. International Journal of Industrial Organization, 1997, 15 (3): 327 –334.

[120] Hauser J R, Wernerfelt B. An evaluation cost model of consideration sets [J]. Journal of Consumer Research, 1990, 16 (4): 393 – 408.

[121] Haveliwala T H. Topic-sensitive PageRank: a context-sensitive ranking algorithm for web search [J]. IEEE Transactions on Knowledge & Data Engineering, 2003, 15 (4): 784 –796.

[122] Hawley A H. Human ecology: A theoretical essay [M]. London: University of Chicago Press, 1986.

[123] Hicks J R, Allen R G D. A reconsideration of the theory of value. Part I [J]. Economica, 1934, 1 (1): 52 –76.

[124] Hong W, Thong J Y L, Tam K Y. The effects of information format and shopping task on consumers' online shopping behavior: a cognitive fit perspective [J]. Journal of Management Information Systems, 2004, 21 (3): 149 –184.

[125] Hoque A Y, Lohse G L. An information search cost perspective for designing interfaces for electronic commerce [J]. Journal of Marketing Research, 1999, 36 (3): 387 –394.

[126] Hotchkiss G, Alston S, Edwards G. Eye tracking study [M]. Research White Paper, 2006.

[127] Hotelling H. Stability in competition [J]. Economic Journal, 1929, 39 (153): 41 –57.

[128] Howard J A, Sheth J N. The theory of buyer behavior [J].

Journal of the American Statistical Association, 1971, 35 (1): 102 - 103.

[129] Hoyer W D, Inman J J. Why switch? Product category: level explanations for true variety-seeking behavior [J]. Journal of Marketing Research, 1996, 33 (3): 281 - 292.

[130] Hsinchun Chen, Michael Chau, Daniel Zeng. CI Spider: a tool for competitive intelligence on the web [J]. Decision Support Systems, 2003, 34 (1): 1 - 17.

[131] Häubl G, Trifts V. Consumer decision making in online shopping environments: the effects of interactive decision aids [J]. Marketing Science, 2000, 19 (1): 4 - 21.

[132] Huffman C, Kahn B E. Variety for sale: mass customization or mass confusion? [J]. Journal of Retailing, 1998, 74 (4): 491 - 513.

[133] Iansiti M, Levien R. Strategy as Ecology [J]. Harvard Business Review, 2004, 82 (2): 68 - 78.

[134] Isckia T, and Lescop D. Platform based ecosystem: Leveraging network centric innovation, in: De Boeck, (eds) Understanding business ecosystems: how firms succeed in the New World of Convergence, 2013.

[135] Iyengar S S, Lepper M R. When choice is demotivating: can one desire too much of a good thing? [J]. Journal of Personality & Social Psychology, 2000, 79 (6): 995 - 1006.

[136] Jain S C. Marketing planning and strategy [M]//Management controls and marketing planning /Published on behalf of the Institute of Marketing and the CAM Foundation [by] Heinemann, 2012.

[137] James R, Bettman C, Whan Park. Effects of prior knowledge and experience and phase of the choice process on consumer decision processes: a protocol analysis [J]. Journal of Consumer Research, 1980, 7 (3): 234 - 248.

[138] Jank W, Shmueli G, Wang S. Dynamic, real-time forecasting

of online auctions via functional models [C]// Twelfth Acm Sigkdd International Conference on Knowledge Discovery & Data Mining. ACM, 2006.

[139] Jansen B J, Resnick M. An examination of searcher's perceptions of nonsponsored and sponsored links during ecommerce web searching [J]. Journal of the American Society for Information Science & Technology, 2006, 57 (14): 1949 – 1961.

[140] Jepsen A L. Factors affecting consumer use of the Internet for information search [J]. Journal of Interactive Marketing, 2007, 21 (3): 21 – 34.

[141] Jerath K, Ma L, Park Y H, et al. A "position paradox" in sponsored search auctions [J]. Marketing Science, 2011, 30 (4): 612 – 627.

[142] Jiang Z, Benbasat I. The effects of presentation formats and task complexity on online consumers' product understanding [J]. Mis Quarterly, 2007, 31 (3): 475 – 500.

[143] Johnson E J. On the depth and dynamics of online search behavior [J]. Management Science, 2004, 50 (3): 299 – 308.

[144] Kahn B E, Chernev A, Böckenholt U, et al. Consumer and managerial goals in assortment choice and design [J]. Marketing Letters, 2014, 25 (3): 293 – 303.

[145] Kahn B E, Wansink B. The influence of assortment structure on perceived variety and consumption quantities [J]. Journal of Consumer Research, 2004, 30 (4): 519 – 533.

[146] Kapoor R, Agarwal S. Sustaining superior performance in business ecosystems: Evidence from Application software developers in the iOS and Android smartphone ecosystems [J]. Organization Science, 2017, 28 (3): 531 – 551.

[147] Katona Z, Sarvary M. The race for sponsored links: Bidding

patterns for search advertising [J]. Marketing Science, 2010, 29 (2): 199 - 215.

[148] Katz M L, Shapiro C. Network externalities, competition, and compatibility [J]. American Economic Review, 1985, 75 (3): 424 - 440.

[149] Kelly K. Out of control: The new biology of machines, and the economic world [M]. New York: Basic Books, 1995.

[150] Kits B, Leblane B. Optimal bidding on keyword auctions [J]. Electronic Markets, 2004, 14 (3): 186 - 201.

[151] Klein L R, Ford G T. Consumer search for information in the digital age: an empirical study of prepurchase search for automobiles [J]. Journal of Interactive Marketing, 2003, 17 (3): 29 - 49.

[152] Kohda Y, Endo S. Ubiquitous advertising on the WWW: merging advertisement on the browser [J]. Computer Networks & Isdn Systems, 1996, 28 (96): 1493 - 1499.

[153] Kotler B P. Marketing management: analysis, planning, and control [M]. Prentice - Hall, 1973, 37 (1): 297 - 320.

[154] Koulayev S. Search for differentiated products: identification and estimation [J]. Rand Journal of Economics, 2014, 45 (3): 553 - 575.

[155] Kraut R, Patterson M, Lundmark V, et al. Internet paradox. A social technology that reduces social involvement and psychological well-being? [J]. American Psychologist, 1998, 53 (9): 1017 - 1031.

[156] Kuksov D, Villas - Boas J M. When more alternatives lead to less choice [J]. Marketing Science, 2010, 29 (3): 507 - 524.

[157] Lahaie S, Pennock D M. Revenue analysis of a family of ranking rules for keyword auctions [M]. 2013.

[158] Lamberton C P, Diehl K. Retail choice architecture: the effects

of benefit-and attribute-based assortment organization on consumer perceptions and choice [J]. Journal of Consumer Research, 2013, 40 (3): 393 – 411.

[159] Langheinrich M, Nakamura A, Abe N, et al. Unintrusive customization techniques for web advertising [J]. Computer Networks, 1999, 31 (11 – 16): 1259 – 1272.

[160] Lee M S, Ratchford B T, Talukdar D. The impact of the internet on information search for automobiles [J]. Journal of Marketing Research, 2003, 40 (2): 193 – 209.

[161] Lee Y, O'Connor G C. New product launch strategy for network effects products [J]. Journal of the Academy of Marketing Science, 2003, 31 (3): 241 – 255.

[162] Lempel R, Moran S. The stochastic approach for link-structure analysis (SALSA) and the TKC effect [J]. Computer Networks, 2000, 33 (1 – 6): 387 – 401.

[163] Lescop D, Lescop E. Platform ecosystem and firm/market equivalency: The case of Apple iPhone. In: De Boeck, (ed.) Understanding Business Ecosystems, How Firms Succeed in the New World of Convergence, 2013.

[164] Lilien G L, Yoon E. The timing of competitive market entry: an exploratory study of new industrial products [J]. Management Science, 1990, 36 (5): 568 – 585.

[165] Lim W S, Tang C S. An auction model arising from an Internet search service provider [J]. European Journal of Operational Research, 2006, 172.

[166] Liu Q, Zhang D. Dynamic pricing competition with strategic customers under vertical product differentiation [J]. Management Science, 2013, 59 (1): 84 – 101.

[167] Lizhen Xu, Whinston A. Price competition and endogenous valuation in search advertising [J]. Journal of Marketing Research, 2011, 48 (3): 566 – 586.

[168] Li Z, Liu J, Wang M, et al. Enhancing news organization for convenient retrieval and browsing [J]. ACM Transactions on Multimedia Computing, Communications, and Applications, 2013, 10 (1): 1 – 20.

[169] Lowe B, Alpert F. Pricing strategy and the formation and evolution of reference price perceptions in new product categories [J]. Psychology & Marketing, 2010, 27 (9): 846 – 873.

[170] Mahdian M, Tomak K. Pay – Per – Action Model for On-line Advertising [J]. International Journal of Electronic Commerce, 2007, 8: 1 – 6.

[171] Mankiw N G. Teaching the principles of economics [J]. Eastern Economic Journal, 1998, 24 (4): 519 – 524.

[172] Milgrom P R, Weber R J. A theory of auctions and competitive bidding [J]. Econometrica, 1982, 50 (5): 1089 – 1122.

[173] Milton C. Chew. Distributions in statistics: continuous univariate distributions – 1 and 2 [J]. Technometrics, 1971, 13 (4): 919 – 920.

[174] Moore J F. Predators and prey: a new ecology of competition [J]. Harvard Business Review, 1993, 71 (3): 75 – 86.

[175] Moore M, Carpenter J. The effect of price as a marketplace cue on retail patronage [J]. Journal of Product & Brand Management, 2006, 15 (4): 265 – 271.

[176] Moulin H. Game Theory for the social sciences [J]. Nature, 1982, 517 (7532): 5 – 5.

[177] Munsey M, Veilleux J, Bikkani S, et al. Born to trade: A genetically evolved keyword bidder for sponsored search [C]// Proceedings of the IEEE Congress on Evolutionary Computation, CEC 2010, Barcelona,

Spain, 18 – 23 July 2010. IEEE, 2010.

[178] Nachmias R, Gilad A, Nachmias D R. Needle in a hyperstack: searching for information on the world wide web [J]. Journal of Research on Technology in Education International So, 2002, 1 (1): 17 – 25.

[179] Nambisan S, Sawhney M. Orchestration processes in network-centric innovation: evidence from the field [J]. Academy of Management Perspectives, 2011, 25 (3): 40 – 57.

[180] Newman J W, Staelin R. Prepurchase information seeking for new cars and major household appliances [J]. Journal of Marketing Research, 1972, 9 (3): 249 – 257.

[181] Nielsen J, Pernice K. Eyetracking web usability [M]. New Riders Publishing, 2009.

[182] O'Keefe R M, Mceachern T. Web-based customer decision support systems [J]. Communications of the Acm, 1998, 41 (3): 71 – 78.

[183] Olshavsky R W. Task complexity and contingent processing in decision making: a replication and extension [J]. Organizational Behavior & Human Performance, 1979, 24 (3): 300 – 316.

[184] Palma A D, Ginsburgh V, Papageorgiou Y Y, et al. The principle of minimum differentiation holds under sufficient heterogeneity [J]. Econometrica, 1985, 53 (4): 767 – 781.

[185] Pan B, Hembrooke H A, Gay G K, et al. The determinants of web page viewing behavior: an eye-tracking study [C]//Symposium on Eye Tracking Research & Applications. ACM, 2004: 147 – 154.

[186] Peng H, Lurie N H, Mitra S. Searching for Experience on the Web: An Empirical Examination of Consumer Behavior for Search and Experience Goods [J]. Journal of Marketing, 2009, 73 (1): 55 – 69.

[187] Piris Y. How can an assortment be reduced without changing the perception of variety? A study of the isolated effects of assortment breadth and

depth [J]. Recherche et Applications en Marketing (English Edition), 2013, 28 (3): 44 – 57.

[188] Poynor C, Wood S. Smart subcategories: how assortment formats influence consumer learning and satisfaction [J]. Journal of Consumer Research, 2010, 37 (1): 159 – 175.

[189] Robert A. Peterson S B, Bart J. Bronnenberg. Exploring the implications of the internet for consumer marketing [J]. Journal of the Academy of Marketing Science, 1997, 25 (4): 329 – 346.

[190] Robin M. Hogarth, Hillel J. Einhorn. Order effects in belief updating: the belief-adjustment model [J]. Cognitive Psychology, 1992, 24 (1): 1 – 55.

[191] Robinson W T, Fornell C. Sources of market pioneer advantages in consumer goods industries [J]. Journal of Marketing Research, 1985, 22 (3): 305 – 317.

[192] Russo J E, Rosen L D. An eye fixation analysis of multialternative choice [J]. Memory & Cognition, 1975, 3 (3): 267 – 276.

[193] Rutz O J, Bucklin R E. Does banner advertising affect browsing for brands? clickstream choice model says yes, for some [J]. Quantitative Marketing and Economics (QME), 2012, 10 (2): 231 – 257.

[194] Rutz O J, Bucklin R E. From Generic to Branded: A Model of Spillover in Paid Search Advertising [J]. Journal of Marketing Research, 2008, 48 (1): 87 – 102.

[195] Schmidt J B, Spreng R A. A proposed model of external consumer information search [J]. Journal of the Academy of Marketing Science, 1996, 24 (3): 246 – 256.

[196] Schoell W F, Guiltinan J P. Marketing: contemporary concepts and practices [M]. Allyn and Bacon, 1992.

[197] Schwartz B, Ward A, Monterosso J, et al. Maximizing versus

satisficing: happiness is a matter of choice [J]. Journal of Personality & Social Psychology, 2002, 83 (5): 1178 – 1197.

[198] Sergey B, Lawrence P. The anatomy of a large – scale hypertextual web search engine [J]. Computer Networks, 1998, 56 (18): 3825 – 3833.

[199] Shaw M J, Subramaniam C, Tan G W, et al. Knowledge management and data mining for marketing [J]. Decision Support Systems, 2001, 31 (1): 127 – 137.

[200] Sherali H D, Soyster A L, Murphy F H. Stackelberg – Nash-cournot equilibria: characterizations and computations [M]. INFORMS, 1983, 31 (2): 253 – 276.

[201] Silverman B G, Bachann M, Al – Akharas K. Implications of buyer decision theory for design of e-commerce websites [J]. International Journal of Human – Computer Studies, 2001, 55 (5): 815 – 844.

[202] Slonim R, Garbarino E. The effect of price history on demand as mediated by perceived price expensiveness [J]. Journal of Business Research, 1999, 45 (1): 1 – 14.

[203] Slovic P. The construction of preference [J]. American Psychologist, 1995, 50 (5): 364 – 371.

[204] Srinivasan N, Ratchford B T. An empirical test of a model of external search for automobiles [J]. Journal of Consumer Research, 2004, 18 (2): 233 – 242.

[205] Stackelberg H V, Peacock A T. The theory of the market economy [J]. Economica, 1952, 20 (80): 384.

[206] Stigler G J. The Economics of enformation [J]. Journal of Political Economy, 1961, 69 (3): 213 – 225.

[207] Teng J T, Thompson G L. Optimal strategies for general price-quality decision models of new products with learning production costs [J].

European Journal of Operational Research, 1996, 93 (3): 476 – 489.

[208] Teo T S H, Yeong Y D. Assessing the consumer decision process in the digital marketplace [J]. Omega, 2003, 31 (5): 349 – 363.

[209] Tirole J. The theory of industrial organization [M]. MIT Press, 1988.

[210] Tiwana A, Konsynski B R, Bush A A. Research commentary-platform evolution: coevolution of platform architecture, governance, and environmental dynamics [J]. Information Systems Research, 2010, 21 (4): 675 – 687.

[211] Van Alsyne M W, Parker G G, Choudary S P. Pipelines, platforms, and the new rules of strategy [J]. Harvard Business Review, 2016, 94 (4) 54 – 63.

[212] Varian H R . Position Auctions [J]. International Journal of Industrial Organization, 2007, 25 (6): 1163 – 1178.

[213] Vickrey W. Counter speculation, auctions, and competitive sealed tenders [J]. Journal of Finance, 1961, 16: 8 – 37.

[214] Viswanathan M, Childers T L. Understanding how product attributes influence product categorization: development and validation of fuzzy set-based measures of gradedness in product categories [J]. Journal of Marketing Research, 1999, 36 (1): 75 – 94.

[215] Wareham J D, Fox P B, Josep Lluís Cano Giner. Technology Ecosystem Governance [J]. Organization Science, 2013, 25 (4): 1195 – 1215.

[216] Wilson C M. Ordered search and equilibrium obfuscation [J]. International Journal of Industrial Organization, 2010, 28 (5): 496 – 506.

[217] Yang S, Ghose A. Analyzing the relationship between organic and sponsored search advertising: positive, negative, or zero interdepend-

ence? [J]. Marketing Science, 2010, 29 (4): 602 –623.

[218] Ye S, Aydin G, Hu S. Sponsored search marketing: dynamic pricing and advertising for an online retailer [M]. INFORMS, 2015.

[219] Zeff R L, Aronson B. Advertising on the Internet [M]. John Wiley & Sons, Inc. 1999.

[220] Zettelmeyer F. Expanding to the internet: pricing and communications strategies when firms compete on multiple channels [J]. Journal of Marketing Research, 2000, 37 (3): 292 –308.

[221] Zhang J J, Fang X, Sheng O L. Online consumer search depth: theories and new findings [J]. Journal of Management Information Systems, 2007, 23 (3): 71 –95.

[222] Zhou J. Prominence and consumer search: the case with multiple prominent firms [J]. Mpra Paper, 2009, 40 (2): 209 –233.

[223] Zhou Y, Naroditskiy V. Algorithm for Stochastic Multiple – Choice Knapsack Problem and Application to Keywords Bidding. 国际万维网会议委员会; 北京航空航天大学, 2008: 1175.

[224] Zinkhan G M, Braunsberger K. The complexity of consumers' cognitive structures and its relevance to consumer behavior [J]. Journal of Business Research, 2004, 57 (6): 575 –582.

后　　记

本书稿入手写作至完成历时两个月，但前期的文献整理，章节构架，模型建立与验证，程序编写与实现却经历了多年的积累和完善，最终完成了本书稿。在这期间帮助我的人很多，在这里我真心地对他们每一位表示感谢。

首先，要感谢我的工作单位河南财经政法大学，书稿的创作需要查阅大量文献，学校提供了丰富的电子数据资源，同时感谢学院领导潘勇教授，在我创作过程中给予的帮助。

其次，感谢我的博士生导师叶作亮教授，他对我的书稿完成影响巨大，他总是对我写的文字逐字逐句地批阅和修饰，对我所做的每幅图、每个表都作出指点，甚至标点符号都不放过，他不仅仅是我的学业导师，也是人生导师，他总在我迷茫时给出指导，犹豫时给予坚定，挫折时给予鼓励，困难时给予帮助，非常感谢他的支持和肯定。

感谢编辑部李雪主任和为校对书稿做出贡献的其他工作者，是他们的辛勤付出才能够保证书稿的顺利完成。感谢我的同事常艳丽、丁莉和杜晓曦，她们身体力行，告诉我"陪伴是最长情的告白"。写十几万字的书稿是一个枯燥且难熬的过程，你会因为一段话写得精彩、一个模型的建立而欣喜，也会因为一句话的表述、一个数据的不合理而愁容满面，感谢陪我度过这一苦闷阶段的同事们，我们在一个办公室一起工作、学习，一起去食堂吃饭（疫情期间哪也去不了），一起愁一起乐，这种陪伴于我而言非常重要。特别感谢常艳丽老师，由于

后　记

书稿写作时间紧张，常老师为了让我专心写作主动承担起幼儿园接小孩的工作，她用实际行动表示了对我写作的支持，让我心生感激，倍受感动。

王　芳

2022 年 3 月